民大记忆
民族调查

云南彝族那氏土司本末

张传玺 著

学苑出版社

图书在版编目（CIP）数据

云南彝族那氏土司本末 / 张传玺著 .
—北京：学苑出版社，2021.3

ISBN 978-7-5077-6149-8

Ⅰ.①云… Ⅱ.①张… Ⅲ.①彝族—土司制度—历史—研究—云南 Ⅳ.① D691.4

中国版本图书馆 CIP 数据核字（2021）第 052153 号

责任编辑：	周　鼎　张佳乐
出版发行：	学苑出版社
社　　址：	北京市丰台区南方庄 2 号院 1 号楼
邮政编码：	100079
网　　址：	www.book001.com
电子邮箱：	xueyuanpress@163.com
销售电话：	010-67601101（销售部）、010-67603091（总编室）
印 刷 厂：	三河市灵山芝兰印刷有限公司
开本尺寸：	787×1092　1/16
印　　张：	10.75
字　　数：	198 千字
版　　次：	2021 年 11 月第 1 版
印　　次：	2021 年 11 月第 1 次印刷
定　　价：	120.00 元

《民大记忆》系列丛书

学术委员会

主　任：张京泽　郭广生
副主任：麻国庆
委　员：（按姓氏笔画排序）
　　　　马文喜　王丽萍　石亚洲　田　琳
　　　　李计勇　邹吉忠　宋　敏　张艳丽
　　　　张铭心　张　焰　董真祎

《云南彝族那氏土司本末》

整理编辑工作小组

组　长：张铭心　贾仲益
组　员：（按年龄排序）
　　　　索文清　定宜庄　张龙翔
　　　　马晓华　高　源　蓝咏石

编辑说明

一、《云南彝族那氏土司本末》由当代知名历史学家张传玺先生所著，是关于云南彝族社会历史调查的成果汇编。本书历六十余年完成，其中部分成果，曾发表于《云南彝族社会历史调查》（1963年，1986年）和《燕京学报》（1995年新1期）。本次收录，原《燕京学报》所刊论文有所补充修订，另加入了当年调查的彝族碑刻手稿。

二、在内容结构上，本书共分为六篇。第一篇为"云南彝族慕连土司史迹补正"；第二篇为"上、下十三村反土司斗争及其遗迹"；第三篇为"《禄劝常氏土司家史》相关资料汇考"；第四篇为"环州地区各族人民反土司的斗争"。此外，有附论两篇。其一为"中国古代多民族、大一统国家形成的三个阶段"，其二为"从华夏和蛮夷戎狄等族名谈到汉民族形成"。前四篇，是关于云南彝族社会历史和土司制度变迁的调查、整理实录；后两篇，是结合历史文献对于中国多民族历史发展背景的解读。

三、本书为作者六十余年的学术成果汇编，体现了作者在不同阶段的研究思路和学术观点，采用页下注形式标注各篇的写作背景。在文字表述方面不做硬性统一，尊重作者行文方式和原始调查数据。

四、第三篇"《禄劝常氏土司家史》相关资料汇考'中，收录碑文样式参照《燕京学报》所刊论文样式，并将碑文正文更换为楷体，以便与正文表述区分。

五、注释方式上，原稿采用尾注。为便于读者阅读，本书统一采用页下注的形式，主要包括文献来源标注、相关概念解释说明等。

目 录

第一篇　云南彝族慕连土司史迹补正 ········· 1

　一、万宗铺村 ········· 1

　二、万德区的生产关系和阶级斗争 ········· 35

　三、慕连土司政治史迹补正 ········· 60

第二篇　上、下十三村反土司斗争及其遗迹 ········· 101

第三篇　《禄劝常氏土司家史》相关资料汇考 ········· 106

　一、禄劝毕摩张文元译《禄劝常氏土司家史》 ········· 106

　二、鳯氏世系记 ········· 107

　三、《武定军民府土官知府鳯□世袭脚色》 ········· 111

　四、禄劝钻字崖彝文碑文译文 ········· 114

　五、武定府同知徐进手记《镌字崖石刻》 ········· 115

　六、《明史》卷314《云南土司传（二）》"武定"条 ········· 116

　七、鳯氏后裔那氏碑铭汇录 ········· 119

第四篇　环州地区各族人民反土司的斗争 ········· 129

　一、土司的统治和剥削 ········· 129

　二、反土司的斗争 ········· 130

1

三、反土司斗争的结果 ·· 133

附论一　中国古代多民族、大一统国家形成的三个阶段 ·············· 139

导语 ·· 139

一、第一阶段——从夏商周到秦汉（约前 4000—190 年） ············ 139

二、第二阶段——从三国到隋唐（190—907 年） ···················· 143

三、第三阶段——从五代十国到清末民初（907—1912 年） ·········· 145

附论二　从华夏和蛮夷戎狄等族名谈到汉民族形成 ·················· 148

导语 ·· 148

一、华夏族名，既是自称，也是他称 ································ 149

二、蛮夷戎狄族名，既是他称，也是自称 ···························· 151

三、华夏与蛮夷戎狄融合而为汉族的历史进程 ························ 153

后　记 ·· 160

《云南彝族那氏土司本末》整理出版补记 ·························· 161

第一篇　云南彝族慕连土司史迹补正①

一、万宗铺村

（一）概况

万宗铺村在万德镇东南约1华里的半山腰间，因地形关系，分为4个自然居民点。万宗铺、营上、长坝塘三个点构成一个弧形，长约二公里，各点只有50~100米的间隔。慕底黑②在东边，与这3个点相距1华里多，中间隔着一个小土山。③

"万宗铺"是彝称，"万"是"猪"，"宗铺"是"发展"的意思，因这里有水塘，便于养猪，因得此名。由于人户较多，"万宗铺"是这一居民点之名，也是由这4个居民点组成的"村落"的总名称，别无汉称。

"营上"是汉称，彝称"骂约贺"，与汉称意思相同，即"住兵的地方"。据调查，在清代，内四甲④有4个大爷（管家），西山张大爷（管内四甲一半门户），长坝塘凤大爷（凤文正，管另一半门户），白头发张大爷（管土司的牛猪），马房张大爷（管土司的马匹）。凤大爷所管之村有万宗铺、陆普偕、马昌德、万德四村，住长坝塘。在清咸丰九年（1859年），凤大爷因奸情与其他3个张大爷发生斗争。凤大爷就在今之营上地方设营驻兵，共有100多人，从此始有"营上"之名。张大爷之兵，驻在万德南北之梁子上，也有100多人，此地地势较低，原称"下营"，后也称为"营上"或"营盘梁子"。

---

① 本篇内容初稿完成于1958年，曾于1958年8月发表于燕京研究院编《燕京学报》（新1期）。本次收录，原《燕京学报》所刊论文有所补充修订，另加入了当年调查的彝族碑刻手稿。
② 现为万德行乡的一个自然村。
③ 万宗铺村，现为万德乡万德行政村的一个自然村，营二、长坝塘、慕底黑也是万德行政村的三个自然村。
④ "甲"为当地封建土司统治区域的行政单位。

"长坝塘"是汉称,彝称为"黑合戛",都是"长形坝塘"之意。今通用汉称。

"慕底黑"是彝称。"慕"是"马","底"是"泡"的意思,"黑"即"水塘"。土司家骑马或阉马都要到这里给马洗澡或泡水,因得此名。别无汉称。

这个村处于半山腰间,由于山势平缓,土层较厚,生长树木很多,一些稍平整的地方,多已开辟为一层一层的梯田,最多的层数有100多层。在树丛与梯田联合构成的碧绿大山坡上,又有9个坝塘分布其间,3个大的,6个小的,对于灌溉与供给饮水都极方便。万宗铺村就处在这片景色如画的山腰中间。在长坝塘水边的巨石上,刻有"此池中绿柳堤,成自康熙陆年仲秋穀旦"。由于没有款识,很难肯定是何人题刻,到底康熙陆年是否曾建过此堤,也难确定。不过我们可以这样推测,这些字不可能是无中生有的,如说自古以来,这里就山清水秀、为人所喜爱,是完全可以的。

这里的气候也极好,冬天仅有两个月,也不太冷,两三年中可能下一点小雪,大坝塘从不结冰,最冷的夜晚小水池中看到有冰现象,太阳一出即消融,所以一年到头,到处是一片绿色。

现有居民53户259人,彝族中"纳苏濮"(黑彝)45户201人,"内苏濮"(甘彝)1户5人,汉族7户53人。此外在3户黑彝人家中有汉族3人,是因通婚而来的。在汉族人家中,也有黑彝人,因同样情况而来。

本村本来就是一个汉彝杂居村,住在万德(汉族约80多户)的彝族人,过去经常赶万德街子,又处在由万德去武定的大路旁边,与外村汉族接触较多,所以能说汉语的人也比较多。

本村原属内四甲,解放前受土司的压迫剥削极深,更兼村内生产资料占有极不平衡,阶级分化明显,地主、富农对于贫苦农民的剥削也很重。因此本村农民对于反土司斗争及反对一切封建势力的斗争都是很积极的。1934—1935年,他们都参加了本地区反土司的斗争。1949年,地下党到此工作时,有些农民也积极参加了斗争。解放之后,本村在党的领导下进行了一系列的民主改革运动与社会主义改造,并成为万德人民公社的一个组成部分,为公社的万德耕作区,万德大队万宗铺小队。

本村的历史不长,只有130年左右。最早来本村居住的有凤姓、李姓等。凤姓一支原住禄劝县凤家村,原经昆阳[①]、武定狮山、卡渣、寨子山、甲拉沟、新村、鲁戛里,最后于120~130年前迁来长坝塘居住,至今已六代人了。凤姓另一支自禄劝真金迁来,也有100多年了。李姓是自禄劝中屏迁来的,已五代人,近100年。他

---

① 现为晋宁县昆阳镇。

们迁来这里的原因，多因无田地耕种。鳳姓来此时，这里为一片荒山，尚无人家居住，也未开垦。他们迁来后，人户越来越多，逐渐形成村落。他们开出田后，土司即来收租，成为土司的佃民。

（二）解放前夕的社会生产方式

本村在解放前（1948年）有居民40户，共167人，全部经营农业。服装鞋帽与主副食品，几乎全部由自己生产制作。部分生活用品与生产工具依靠自己制造，从市场上或店铺中买来的东西不多。本村虽有10户从事手工业与商业活动，他们的收入也相当多，可是就其全家人口来看，主要从事农业生产，就其收入来说，也多以农业收入为主。全村作为商品投入市场的粮食不多。从事商业活动的有1人，带有专业性质，贩卖盐巴，其他人只在农闲时做点生意。本钱大的贩牛马，小的贩猪鸡。至于副业，完全附属于农业生产，如养猪、羊、鸡、鸭，织麻布，编竹器，打草鞋，织蓑衣，等等，多以自给为目的，自然经济占着统治地位。

1. 农业生产力的情况
（1）土地利用情况和作物种类

本村可以耕种的田地可分为"田"与"地"，田因水利条件不同，又可分为水田、山田，地统称为"干地"，因主要种苞谷（玉米），所以也叫"苞谷地"。1948年，本村共有田211.45亩，干地99.2亩，田地总面积为310.65亩，其中田占68.07%，干地占31.93%。田地多为胶泥鸡粪土、夹砂土。平坝土深的地方比较肥沃，产量也较多，瘠薄之区产量很低。解放之前，水利条件很差。那时万宗铺坝塘及长坝塘都比较小，又被土司控制着，本村的田虽就在坝塘周围，又担负着水租，却不能完全利用此水。这里旱天的时间较多，即使下雨，雨水顺山坡而下，不得存留，所以在过去常常发生旱灾。由于四面环山，日照时间稍短，夏季日照时间约为13小时，冬季只有8小时。夏季多刮南风，秋冬两季多刮东风，春季多西风，风力一般不大。每年农历十月开始有霜，至十一月底结束，有的年头，一年无霜。

由于土质与气候关系，农民的经济力量又极薄弱，田地的利用率很低。田地虽都能一年两熟，但大春种得较普遍，约占总耕地面积的100%。种小春的极少，只占耕地面积的40.6%，大春水田、山田都种稻谷，干地种苞谷。如种小春时，水田种蚕豆的居多，所以水田也叫"蚕豆田"，山田往往不种小春，干地多种豌豆或大麦、小麦等。稻谷与苞谷是本村居民的主要粮食,蚕豆、豌豆多作副食品,或吃青,或煮豆汤,大麦、小麦的吃法与苞谷差不多,或掺入大米中吃,或做粑粑。其他粮食作物有黄豆、四季豆、老米豆、米稗;薯类有洋芋;经济作物有大麻、菜籽、烤烟;蔬菜类有南瓜、茄子、辣子、苦菜、白菜、葱、大蒜、萝卜、黄瓜、莴笋、茴香、韭菜、芹菜、山药、木芋、洋姜、包包白、苤蓝等。其中南瓜、辣子、苦菜较多,其他蔬菜极少。这些蔬菜有的种在田地边上,有的种在住屋四周开出的很小的菜园中,也有的直接种在地里,与作物间生并长,如苦菜就与大麦、小麦种在一起。这些作物以自给为目的,除粮食蔬菜之外,大麻用作编织麻布衣之用,菜籽用来榨清油,烤烟作为嗜好品。

(2) 生产工具

本村农民使用的农业生产工具种类不多。犁田耙田用的有铁质犁板、犁铧及木质犁架和木耙。挖地刨谷田用的条锄、板锄,砍柴用的砍刀、斧头,割谷子用的镰刀,挖粪的钉耙,都是铁制木把的。打谷子用的连杆,是用竹、木制的;浇水、浇粪用的水桶,碾压垡子用的磙子,是木制的;磙子也有石制的;挑水用的钩担是木担铁钩。这些都是主要生产工具。此外还有竹制的粪箕、背篮,牛皮或茅草制的索子,木制的扁担、刮板、木锨等。本村的主要农具共有犁头46件,犁架39件,耙29件,条锄41件,板锄79件,砍刀40件,镰刀79件,斧子34件,舂碓5件,共计392件。

直到解放前夕,本地区彝族人民还没有铁匠,有些工具本民族还不能制造。因此,他们依靠民族之间的交换来解决这一问题。据调查,铁犁是从他地衣村汉族铁匠处买来的,砍刀、条锄、板锄、钉耙、镰刀、斧子等铁制工具是从下村曾家(汉族)和古亨铺村杨家(汉族)两个铁匠处买来的,水桶是从马德坪汉族木匠处买来的。犁架、木耙,本地汉族、彝族都能自己制造,粪篮彝族能自制。工具使用残了以后,除铁器需铁匠修补外,其他竹木制的工具,自己多能修整。关于主要农具的质料、规格、价格、使用年限、折旧情况(一年的)、来源用途,另附表于后。(参看表1)

耕畜方面,1948年,本村共有水牛11头,黄牛43头,马、骡、驴共12匹。用于耕作的有水牛、黄牛,每天可犁田4份;用于运输的有骡驴,骡可驮180~200斤,驴可驮80~120斤,日行80华里。1958年,本村社员也训练了黄牛驮运(黄牛也能拉大车)。

(3) 生产技术

本村及附近黑彝的生产技术,比高寒山区的苗族、傈僳族等刀耕火种者进步得多,与聚居区的汉族差不多。

表1 武定县万德乡万宗铺村1948年主要农具调查表

名称		资料	规格样式	价格（合合）	使用年限	折旧（合合）	来源	用途
犁	犁板	铸铁	长8寸，宽4.5寸	48斤	15年	3.2斤	本地汉族制	犁田
	犁铧	铸铁	三角形	24斤	6个月	18斤	本地汉族制	犁田
	犁架	木质	长6尺，高3尺	40斤	3年	13.3斤	本地彝、汉族制	犁田
砍刀		钢、铁	长6~8寸，宽2寸	15斤	6年	6斤	本地汉族制	砍柴、割喂草
连杆		竹、木	连杆棍用绳系在一起	2斤	10年		自己做	打谷子等
条锄		钢、铁	宽3寸，长7~8寸	40斤	8年	6斤	本地汉族制	挖地、挖坝塘
板锄		钢、铁	宽4.5寸，长5寸	24斤	8年	4斤	本地汉族制	锄地、薅苞谷
钉耙		钢、铁	有三齿，长8寸	60斤	10年	6斤	本地汉族制	挖粪
镰刀		钢、铁	长5寸，宽1.5寸，无齿	20斤	2年	10斤	本地汉族制	割谷子
木耙		木质	活动的，长宽	60斤	3年	20斤	本地彝、汉族制	耙田
斧子		钢、铁	一端为方形，一端为刃	40斤	15年	5.7斤	本地汉族制	砍柴、劈柴、伐木
粪篮		竹质	下为长方3寸×6寸，上为椭圆	5斤	2年	2.5斤	本地彝族制	背粪
水桶		木质	上大，直径1尺左右，下小，直径8寸	10斤	3年	3.3斤	马德乡坪汉族制	挑水浇田

节令安排方面比现在迟了约一个月。种稻谷：农历正月开始挖秧田。二月撒秧。三月压底肥。四月犁田，耙田，栽秧。五月栽秧，薅秧。六月除虫，追肥，割埂草。七月薅二道秧，割埂草。八月收割。九月收割，打谷子。十月打谷子。十一月入仓。种苞谷：农历二月整地。三月送粪。四月犁地，点种，挖沟。五月薅头道。六月薅二道。七月收割。八月收割剥晒。九月晒扬。十月入仓。小春：小麦、蚕豆都是八月间播种。蚕豆至九月泡水一次。十月压粪。十一月泡二道水。十二月泡三道水。第二年正月开始摘豆吃青。二月摘豆吃青，割豆。小麦只在十二月间、正月间除一次草。二月三月间即收割、晒、扬、入仓。当然，节令安排体现在月与月的划分上，并不是死板的，节令迟早与气候的变化有极密切的关系。

在耕作技术方面，现在看来是相当落后的。如以稻田为例，有牛户才双犁双耙，犁地也稍深一些。多数无牛农户依靠租牛犁田，只能一犁一耙。犁头入土只有2寸到3寸深；耙得也很粗，土堡很大。彝族的习惯认为大粪很脏，平时很怕看见，家中不设厕所，亦不积肥，种田不施追肥。选种只在收割时留出粒实穗大的，作为明年的种子。栽秧时，从秧田中拔出秧苗后，直接插到稻田中，株行距有3寸到8寸宽。

彝族人民对于稻田的经营比较仔细。主要工序如从头排起：有送粪，围水，犁板田，耙头道，犁二道，耙三道，放进水，铲埂子，栽秧，薅头道，薅二道，割埂草，撒水，割谷子，背谷子，打谷子，进仓，共17道工序，共用人工26.75个，牛工3.75个。如将秧田用工量平均摊入单位面积（亩）稻田（1.33个人工）及积肥用工量（7个工）时，则共需人工35个，牛工同。每个工的工作时间约为八个半小时。苞谷的工序就比较简单，从送粪、施肥开始，相继为犁田，点种，敲土堡，捞沟，薅头道，薅二道，收苞谷，砍苞谷秆，共9道工序。用人工15个，牛工1个，加上积肥，每亩需人工15个，共需人工30个，牛工同。小麦作物的粗放情况更为严重。如小麦只有撒种，犁地、耙地、割、背、打、扬、晒，入仓，共9道工序。用人工5.25个，牛工1个。种蚕豆从来就不犁田，只将种子塞入田间谷根丛中即可，亦不施肥。其工序是按蚕豆，打豆尖、泡头道水、泡二道水、收蚕豆、背蚕豆、打蚕豆、晒蚕豆、入仓、共9道。共用人工11.55个，无牛工。

各种作物的生产成本是不相同的，产量亦往往因田地优劣、气候好坏及耕作技术水平而有差异。根据我们对本村的调查与计算，稻谷每亩需种子10斤，农具折旧合谷子12斤，耕牛耗费合10.25斤，合计32.25斤，每亩约需人工35个。一般说来，上等田每亩可产稻谷400斤，为种子的40倍；中等田可产300斤，为种子的30倍；下等田可产180斤，为种子的18倍。上等田是水田中的好田，中等田是一般水田和较好的山田，下等田都是山田。每个工所得量最高为10.5斤，一般为7.7斤，最低为4.2斤。苞谷种子，每亩需7斤，农具折旧9斤，耕牛耗费3.5斤，合计19.5斤，每亩约需人工30个。上等地每亩可产448斤，为种子的64倍；中等地可产336斤，为种子的48倍；下等地可产220斤，为种子的31.4倍。每个工所得量最高为14.3斤，一般为10.6斤，最低为6.7斤。小麦每亩需种子10斤，农具折旧合2斤，耕牛耗费合3.5斤，共计15.5斤，每亩约需人工5.3个。上等地每亩可产250斤，为种子的25倍；中等地可产200斤，为种子的20倍；下等地可产150斤，为种子的15倍。每个工所得量最高为44.3斤，一般为34.8斤，最低为25.4斤。蚕豆每亩约需种子75斤，农具折旧合5斤，不用耕牛，合计共80斤，每亩约需人工11.9个。上等田每亩可产324斤，为种子的432倍；中等田可产270斤，为种子的3.6倍；下等田可产140斤，为种子的1.86倍。每个工所得量最高为21斤，一般为16.4斤，最低为5.2斤。

一个普通劳动力的年耕作限度为7.5亩，耕种大春稻田3.5亩，小春蚕豆4亩。如按最高产量（谷子每亩产400斤，蚕豆每亩产324斤）计算，3.5亩谷子可产1400斤，4亩蚕豆可产1296斤，合谷子1074.73斤，共合谷子2474.73斤。如扣除生产成本381.7斤（种子合谷子283.8斤，农具折旧合谷子62斤，耕牛耗费合谷子35.9斤）及劳动者本人一般的最低限度生活消费560斤（口粮400斤，衣合谷子160斤），共合谷941.7斤。那么一个普通劳动力每年可能提供的剩余产品最高可得谷子1533.05斤，相当于他自身消费的2.73倍。如按一般产量（谷子每亩产300斤，蚕豆每亩产270斤）计算，3.5亩稻田可产谷子1050斤，4亩蚕豆可产1080斤，合谷子895.61斤，共合谷子1945.61斤，扣除生产成本和劳动者本人一般的最低限度的生活消费，一个普通劳动力每年可能提供的剩余产品，一般可得谷子1003.91斤，相当于他自身消费的1.8倍。

这就是彝族社会向前发展的最后决定力量。不过在那时，由于社会制度的不合理，土司及地主、富农阶级利用农民可能提供的剩余劳动，疯狂地进行剥削，使广大农民连单纯再生产的可能都被剥夺。

（4）劳动力情况

1948年，本村有40户居民，共167人，其中男全劳动力51人，半劳力15人，女全劳力48人，女半劳力15人，合计127人。按各阶级（层）来分，贫农25户97人，男全劳力29人，半劳力7人；女全劳力26人，半劳力7人，共计69人，占全部劳动力的54.3%。下中农2户9人，男全劳力2人，半劳力1人；女全劳力2人，半劳力3人，共计8人，占全部劳动力的6.29%。上中农5户18人，男全劳力6人，半劳力

1人女全劳力7人，半劳力1人，共计15人，占全部劳动力的11.8%。富农3户17人，男全劳力5人，半劳力1人女全劳力5人，半劳力2人，共计13人，占全部劳动力的10.24%。（当时划的）地主2户9人，男全劳力2人，半劳力2人，女全劳力4人，共计8人，占全部劳动力的6.29%。小手工业者和小商人3户17人，男全劳力6人，半劳力1人；女全劳力4人，半劳力2人，共计13人，占全部劳动力的10.24%。

彝族人民是勤劳勇敢、吃苦耐劳的，男女身体都很强健，孩子们自小就养成了劳动习惯，所以不足10岁的小孩就学会放牲口、薅草、割谷子等田间操作。一个普通男女劳动力能够担负农业生产中的各种工作，而且可以做得很好。在一般情况下，他们白天都在劳动。在农忙季节，特别是在有月亮的时候，他们往往夜间也从事劳动。

在劳动组织方面，这里是以家庭为生产单位的。在农忙季节，能劳动的人差不多都参加操作。不过在彝族中存在着男女分工的习惯。男人不栽秧，女人不犁田、不砍埂，所以在男人忙着砍田埂时，女人可以坐在田边谈笑，等田埂砍好放水后，她们才下田栽秧。同样，男人砍好了田埂，不管女人怎样忙（栽秧），他们也会到田边吸烟说笑，乃至放早工。这种不合理的分工之所以保持了很久，是和一些落后的思想与迷信分不开的。男子有大男子主义，把栽秧看成是女人干的活，男人干了丢面子。也有人说："女人犁田牛会死"，"天会打雷轰人"，"女人犁田伤丈夫"，等等。这些迷信思想后来逐渐有了改变。

在农忙季节，彝族有换工的习惯，一种是贫苦农民以人工换有牛户的牛工，如牛主带牛具，一个牛工换三个人工。如不带牛具，换两个人工。另一种是互换人工。在贫苦农民中，换工纯为互助性质，即使双方互换的工数不等，欠工户第二年再补，从没有折价给钱（或粮）的现象。但在贫苦农民与富裕户（包括地主、富农和富裕中农）之间的换工，已存在着折价给钱（粮）的现象。虽然表面上有换工之名，其实这种换工是雇工的另一种表现形式，富裕户利用换工之名进行着隐蔽的剥削。

由于彝族人民吃苦耐劳，热爱劳动，100多年来，他们把荒芜的山坡开辟成齐整的梯田，而且为了争取丰收，还挖掘了许多大小坝塘和水沟，把荒无人烟的山区变成了人烟稠密的村庄。由于土司、地主、富农对农民的残酷剥削，农民生活困难，多将田地出卖或抵押、典当出去，有的将田地抵当给两家，农民一年苦到头，将打的粮食分两半送给抵当主，所剩下的只有很少的口粮和一堆乱谷草。因此，在封建社会中，农民的生产兴趣是不高的，为了解决天天需要的口粮，不得不给人家帮工或跑点小生意。

2. 万宗铺村生产资料占有的不平衡与阶级分化

万宗铺是土司统治下的内四甲九村（万德、下村、古亨铺、陆普崮、马昌德、万宗铺、新村、甲蜡沟、小牛扎村，另有两个小居民点，即别五杰村、南祖沟）之一。在解放前，其基本生产方式与本地区各村的情况相同（肯基村除外）。一切生产工具、牲畜及生活用品完全归农民个体家庭和私人所有，持有者亦有完全的支配权。但作为基本生产资料的田地，都完全归土司所有，农民只能佃种，并以佃农的身份按照土司的规定与意愿缴纳定额官租，并负担各种杂派和繁重的无偿劳役。就是我们调查时所说的"寄粮投庄"，"封建领主制"。

不过农民有着比较牢固的田面使用权，只要农民在规定的期限内履行了规定的"义务"之后，他们可以继续使用这块田地，甚至可以出租、抵押、典当或出卖，也可以作为自己的家产分给或传给子孙。根据调查，农民如因困难不能履行土司规定的某项义务时，土司可以凭借其政治权势，拘捐、关押或吊打该户农民，乃至把他打伤至死；但夺佃的事情一直未发生过。据说土司没有夺佃权利。但如土司将这份田变成了私租田，而佃户如无力缴纳"租子"，租子又变成了债务越滚越大时，就有被夺佃的可能了。当然，这种情况还是不多的。农民在土司凶暴的统治下，不在迫不得已的时候，宁肯一家老小忍饥受寒，总想尽办法先应付着土司的种种盘剥，以求得苟安。因之，这种"永佃田"除了负担重以外，在使用上和自己的私产差不多。

由于土地使用权的私有性和牢固性，加上商业与高利贷资本的发展，土地通过抵押典当与买卖关系日益向少数人的手中集中，一些贫困农户也逐渐失掉了土地。这种生产资料占有的不平衡状态，随着时间的推移而日益加速起来，阶级分化也就日益加剧。

根据我们的调查，本村1948年共有水田、山田211.45亩，干地99.2亩，共计310.65亩，全为永佃田（地）。全村共有40户167人，每人平均占有田地1.86亩。可是由于阶级分化的结果，生产资料的占有发生了极不平衡的现象。

（当时划的）地主：2户，占全村总户数的5%，人口9人，占全村总人口的5.39%。占有田地共41.15亩，占全村田地总面积13.25%，每人平均占有田地4.57亩，为全村每人自然平均占有田地（自然平均数）的246%。

富农：3户，占全村总户数的7.5%，人口17人，占全村总人口的10.18%，占有田地共58.2亩，占全村田地总面积的18.73%，每人平均占有田地3.42亩，为全村自然平均数的184%。

上中农：5户，占全村总户数的12.5%，人口18人，占全村总人口的10.78%。

占有田地共 66.6 亩，占全村田地总面积的 21.44%，每人平均占有田地 3.7 亩，为全村自然平均数的 199%。

下中农：2 户，占全村总户数的 5%，人口 9 人，占全村总人口的 5.39%，占有田地共 17.2 亩，占全村田地总面积的 5.54%，每人平均占有田地 1.91 亩，为全村自然平均数的 103%。

贫农：25 户，占全村总户数的 62.5%，人口 97 人，占全村总人口的 58.08%，占有田地共 100.4 亩，占全村田地总面积的 32.32%，每人平均占有田地 1.04 亩，仅为全村自然平均数的 55.91%。

其他：小商人 2 户，小手工业者 1 户，共 3 户，占全村总户数的 7.5%，人口 17 人，占全村总人口的 10.18%，占有田地共 27.1 亩，占全村田地总面积的 8.72%，每人平均占有田地 1.59 亩，为全村自然平均数的 85.5%。

从以上的情况可以看出，地主每人平均占有田地的数量为贫农每人平均占有的 4.4 倍，富农每人平均占有田地的数量为贫农每人平均占有的 3.3 倍，上中农每人平均占有田地数量为贫农每人平均占有的 3.6 倍。

其他生产资料的占有也极不平衡，全村共有水牛、黄牛、马、驴、骡 66 头（匹），平均每户占有 1.65 头（匹）。地主占有 12 头（匹），为全村牲口的 18.18%，每户平均占有 6 头（匹），为全村自然平均数的 363.6%；富农占有 12 头（匹），为全村牲口的 18.18%，每户平均 4 头（匹），为全村自然平均数的 242.4%；上中农占有 15 头（匹），为全村牲口的 22.73%，每户平均 3 头（匹），为全村自然平均数的 181.8%；下中农占有 6 头（匹），为全村牲口的 9.09%，每户平均 3 头（匹），为全村自然平均数的 181.8%；贫农占有 17 头（匹），为全村牲口的 25.76%，每户平均 0.68 头（匹），仅及全村自然平均数的 41.21%；小商人和小手工业者占有 4 头（匹），为全村牲口的 6.06%，每户平均 1.3 头（匹），为全村自然平均数的 78.79%。

贫农、下中农的牲口不仅在数量上比地主、富农及上中农少得多，而且在质量上也差得多。27 户贫农、下中农，只有水牛 2 头；8 户上中农、富农却占有水牛 9 头。贫农、下中农的黄牛中，不能犁田的小牛母牛居多，他们连一匹马、驴、骡也没有。12 匹马、驴、骡完全集中在地主富农手中。

全村共有主要农具（犁头、犁架、耙、条锄、板锄、砍刀、镰刀、斧头、舂碓）392 件，平均每户占有 9.8 件。实际上地主占有 21 件，每户平均占有 10.5 件；富农占有 46 件，每户平均占有 15.3 件；上中农占有 60 件，每户平均占有 12 件；下中农占有 27 件，每户平均占有 13.5 件；贫农占有 211 件，每户平均占有 8.44 件。（参看表 2、表 3）。

表2 万宗铺村1948年各阶层生产资料占有情况表（一）

阶层	人口 人	人口 占比(%)	户口 户	户口 占比(%)	劳动力(人) 男 全	劳动力(人) 男 半	劳动力(人) 女 全	劳动力(人) 女 半	田地面积产量 田(亩)	田地面积产量 地(亩)	田地面积产量 总产量(斤)	力畜 水牛(头)	力畜 黄牛(头)	力畜 马骡驴(匹)	力畜 合计(头/匹)
贫农	97	57.4	25	62.5	29	7	26	7	67.2	33.2	39 938.5	2	15		17
下中农	9	5.33	2	5	2	1	2	3	11.2	6	6430		6		6
上中农	18	10.65	5	12.5	6	1	7	1	39.9	26.7	27.095	3	12		15
富农	17	10.12	3	7.5	5	1	5	2	44.4	13.8	23 870	6	2	4	12
地主	9	5.33	2	5	2	2	4		27.65	13.5	16.731		4	8	12
其他	17	10.12	3	7.5	6	1	4	4	21.1	6	7.922		4		4
合计	167		40		50	13	48	48	211.45	99.2	118 986.5	11	43	12	66

表3 万崇铺村1948年各阶层生产资料占有情况表（二）

阶层	农具（件）									合计	每户平均占有
	犁头	犁架	耙	条锄	板锄	砍刀	镰刀	斧头	舂碓		
贫农	23	21	15	21	41	24	44	20	2	211	8.44
下中农	3	3	2	3	5	2	7	2		27	13.5
上中农	9	6	5	6	12	6	12	4		60	12
富农	6	4	3	5	9	4	9	4	2	46	15.3
地主	2	3	2	2	5	2	3	1		21	10.5
其他	3	2	2	4	7	2	4	3		27	9
合计	46	39	29	41	79	40	79	34	5	392	9.8
备注											

造成生产资料占有不平衡与阶级急剧分化的原因很多。贫苦农民之所以日益贫困化乃至走向破产，最根本的原因是与土司及地主、富农和国民党政府对于他们无限制的剥削分不开。地主、富农阶级之所以形成并得到发展，与商业及高利贷资本的不断发展及土地的自由买卖分不开。领主制度的破坏与地主经济的发展过程，也就是阶级向两极分化的过程。

本村5户地主富农，都兼营手工业、商业或放高利贷（参见表4）。

表4 万宗铺村1948年地主富农收入情况调查表

姓名	成分	田地数（亩）	产量（斤）	手工业、商业收入（合谷斤）	高利贷收入（合谷斤）
鳳惠珍	地主	19	9599	4100	615
王国珍	地主	11.9	3935	2870	123
张自春	富农	11	3790	10250	
杨绍武	富农	26	10030	12300	
张建忠	富农	21.2	10050	9560	

注：这是当地旧表上说的"地主""富农"，并不严格，谁家这年收入多，即为"地主""富农"，可能其仅是"中农"。

从以上各户的收入情况可以看出，商业、手工业和高利贷的收入在他们的总收入中占着绝对重要的地位。他们本来的田地都不多，在经营工商业和放高利贷时，他们凭借经济的力量，趁贫苦农民之急，通过贱买贵卖、囤积居奇等方式，更加速农民的贫困化与破产，更以抵押、典当、收买等手段，逐渐把农民的田地攫取到自己的手中，再以田地为手段，通过雇佣和租佃关系，向农民进行更多的剥削。

3.手工业、副业与商业

本村虽然自然经济占统治地位，但手工业、副业与商业活动还是比较发达的。

（1）手工业、副业

本村可以算作正式从事手工业生产的共有10户11人，其中银匠6户7人，篾匠3户3人，石匠1户1人。不过他们都不脱离农业生产，家中大多数人口也是从事农业生产的。但从这11个人的整体活动来看，从事手工业的时间较多，而且在这一方面的收入也相当多，其生产品也以出卖为目的。

银匠：根据调查，本村在 100 多年以前就有银匠，这种技术先由环州黑彝传至支卧的甘彝，后又从支卧村传来本村。民国以来，本村共有 3 个银匠，一是营上的王银匠（彝族），一是慕底黑的张银匠（彝族），一是万宗铺的张银匠张玉廷（彝族），他们 3 人的手艺都很好。两位张银匠早已死去，王银匠在 20 多年前已死，有一徒弟是外村人。慕底黑张银匠的手艺传给了张建忠、张洪清（慕底黑彝族），张玉廷的手艺传给了他的儿子张自春，妻弟普正贤、普正才（黑彝）及女婿杨绍武（汉）。这些银匠的营业规模都很小，是家庭手工业性质，在师传上，往往以子孙至亲为徒弟，剥削关系并不明显。如普正贤在学手艺期间，仍住在家中，农忙时，仍自忙田间生产，初学试打时，自备银料。至可以做助手时，每年可以从师父的总收入中，提出两成作为工资补助。到出师（3 年）时，他酬谢了师父一头水牛。其他人都不曾谢师。

至解放前，本村 6 户银匠，占全村从事手工业总户数的 60%，人数占 63.6%，他们的资本都很少。富农银匠杨绍武、张自春，才各有 2.5 石谷子的资本（合 1025 斤）。贫农银匠普正才只有 0.25 石谷子的资本（合 102.5 斤）。贫农银匠张洪清一点资本也没有，他主要依靠给顾主加工，赚点手工钱。有资本的可以打制一些首饰零售。无论加工还是自制，利润都差不多，即为原银价的一倍，张自春、杨绍武每一个街子（7 天）可打银 3 两，一个月可打 12 两，一年可打 150 两，年利润为 25 石；中农贫农银匠资本少，一年可得利润 2~4 石。

他们的产品都是装饰品，有手镯、挂链、戒指、耳坠、耳环、领扣、衣泡、帽花、麦花、蝴蝶丝子、前簪、后簪等。他们所用的工具比较简陋，有的自制，部分是从附近街子买来的。其中主要的有风箱、钉锤、夹钳、弯钳、火钳、砧子、剪刀、小铁砧、石沙窝、丝板等。普正才、张洪清的工具不全，无砧子。

篾匠：3 户篾匠都住在慕底黑。王国珍是地主，王朝成、王自成都是贫农（王国珍是他们二人的叔叔），全是黑彝，他们都是自学的，工具很简陋，每人只有一把竹刀，王朝成自有一个篾针，3 人合用。技术水准都不高，除能粗制粪箕、背篮、花篮三种以外，其他用具都不会编。王国珍、王朝成编的自用居多，也零售一部分，每人一年可得谷子一石，王自成最贫困，买不起竹子，专为人做手工，一年可得五斗谷子。

石匠：石匠只有 1 户 1 人，即陈自允（汉族）。陈自允原为下村人，手艺是从他哥哥处学来的，手艺很好，工具也很齐全。主要工具有手锤、大锤、钻子、小风箱等，能打制磨子、碾子、猪食槽、脚碓、屋面石、石碑等，约有资本 3 石谷子，自打自卖，有时也为别人做手工，年可得谷子 4 石左右。

解放之后，篾匠、石匠依旧，建公社后，由公社统一调配使用。银匠在解放后不久即已停业，1957、1958两年中，张自春等曾为区供销社短期加工做银饰，每打一两得工资1元。

解放后，在修坝塘时，本村又培养了3个石匠、1个铁匠（又学会木匠活）、3个篾匠。（以上情况参见表5）

家庭副业都以自给为目的，其中最主要的是织麻布。本村绝大多数成年妇女都会这个手艺。汉族妇女会的较少，会织的与不会织的妇女之间可以换工互助。妇女们担负着全家每个人的麻布衣裤供应。

每户彝族，每年都可收20斤左右的大麻。大麻是在农历四月撒种，六月、七月薅草各一道，八月割麻，晒一个月，再将麻泡水三天，捞出后趁湿剥下，再用冷水洗净，晒干，就可起麻、纺麻。一个正常劳动力一天可剥麻5斤左右，可起麻12两（老称）左右，可纺两三斤。已纺的麻和火塘灰放在一起煮一天，煮后再洗，晒干，再用白苞谷或碎米浆染，晒干后即可理线织布。灰煮与浆染是为了漂白与增加韧性。麻布架是用4个木叉桩插在地上，再用两根木棍放在叉上做成。编织时，先把麻线扯伸成5寸宽4排（2丈多）长的麻布，织成后以1.5尺长为一页剪开。

麻布用途极广，如衣服、水裤头、背布、腰带、被盖、鞋底、大口袋、围腰、马料袋、马替子等，都能用麻布制作。麻线还可做麻索子、打麻草鞋、上鞋底之用。解放前，彝族劳动人民很少穿棉布，一般农户大人一年只能穿到一条棉布裤子，上装则主要穿麻布衣，一件成人上衣需要麻布12页，如一家收20斤麻，可织成100页麻布，可做8件大人上衣。富裕户穿棉布的较多，但也离不开麻布衣。贫农普正才，全家每年穿棉布衣3件，麻布衣9件。贫农凤吉周全家每年穿棉布衣2件，麻布衣8件。富农张自春全家每年穿棉布衣4件，麻布衣4件。

其他副业如编草垫、打草鞋、编蓑衣，成年人多能做，但均为了自用。他们也能自己盖房子，如打挖土墙、制坯、伐木材、制梁栏等，都能自做，只在个别精巧技术上要请汉族木匠解决。

彝族人民喜欢喝酒，富裕户各自做酒吃，也出卖。贫苦农民粮多时也做一点，缺粮时则不做。每斗米可得酒40斤，最高的可得50斤，最低的也可得35斤。各家都饲养猪鸡，数量都不太多，有的有猪三四头，有鸡十几只，有的很少。也有养老母猪和母牛的。养这些牲畜家禽，主要为了补助生活。当然，富人是为了赚钱。

表5　万崇铺村1948年手工业情况调查表

户名	成分	民族	类别	人数	工具	产品种类	资金（折合）	产品销售额或数量	年利润（折合）	占家庭农业收入的百分比(%)	销售情况
张自春	富农	黑彝	银匠	2	风箱2个、钉锤1个、夹钳、弯钳、火钳、戥斗丝板各1个、小铁钻20、剪刀1个、砂窗4个	手圈、挂链、戒指、耳坠、锁口领衣炮、碧筒、圆花、钻子、前捕、后捕、蝴蝶链	2.5石谷	150两银	25石谷		附近村子彝族加工或制成品在附近出售
杨绍武	富农	汉	银匠	1	风箱2个、钉锤1个、夹钳、弯钳、火钳、戥斗丝板各1个、小铁钻20、剪刀1个、砂窗4个	手圈、挂链、戒指、耳坠、锁口领衣炮、碧筒、圆花、钻子、前捕、后捕、蝴蝶链	2.5石谷	150两银	10石谷		附近村子彝族加工或制成品在附近出售
普正贤	中农	黑彝	银匠	1	风箱2个、钉锤1个、夹钳、弯钳、火钳、戥斗丝板各1个、小铁钻20、剪刀1个、砂窗4个	手圈、挂链、戒指、耳坠、锁口领衣炮、碧筒、圆花、钻子、前捕、后捕、蝴蝶链	1.5石谷	50两银	8石谷		附近村子彝族加工或制成品在附近出售

续表

户名	成分	民族	类别	人数	工具	产品种类	资金（折谷）	产品销售额或数量	年利润（折谷）	占家庭农业收入的百分比(%)	销售情况
普正才	贫农	黑彝	银匠	1	同上，但缺钻子	手圈、挂链、戒指	0.25石谷	10两银	4石谷		纯系别人来加工给工钱
张建忠	富农	黑彝	银匠	1	同上，全套	手圈、挂链、戒指、耳坠、锁口领衣炮、碧周、圆花、钻子、前捕、后捕、麦花、蝴蝶链	2.00石谷	80两银	6石谷		附近村子彝族加工或制成品在附近出售
张洪清	贫农	黑彝	银匠	1	同上，缺钻子	手圈、挂链、戒指、耳坠、锁口领衣炮、碧周、圆花、钻子、前捕、后捕、麦花、蝴蝶链	—	10两银	2石谷		纯系别人加工
王朝成	贫农	黑彝	银匠	1	刀1把，篾针1个	粪箕、篮子、花篮	1.00石谷	60件(大小)	1石谷		自己编来卖给附近彝民或到别家为别人编

17

续表

户名	成分	民族	类别	人数	工具	产品种类	资金（折合）	产品销售额或数量	年利润（折合）	占家庭农业收入的百分比（%）	销售情况
王自成	贫农	黑彝	竹匠	1	刀1把	粪箕、篮子、花篮	—	8件（大小）	0.5石谷		自己编来卖给附近农民或到别家为别人编
王国珍	地主	黑彝	竹匠	1	刀1把	粪箕、篮子、花篮	1.00石谷	80件（大小）	2.0石谷		自己编来卖给附近农民或到别家为别人编
陈元元	小手工业者	汉	石匠	1	手锤、大锤各1把、铁钻10支、小风箱1个	磨子、碾子、猪槽脚礁、屋础石、园坝石、石碑、水库、石工等	3.00石谷	年作石工200个	4.0石谷		自己编来卖给附近农民或到别家为别人编
合计				11			13.75石谷	银450两，竹器148件，石器若干	109.00石 104.00石		

（2）商业

根据调查，万德街子的前身即下村街子，建立于清同治年间。1913 年迁来万德，街期为猪、蛇日，7 天一期，称为"猪蛇街"。这个街子是多民族市场，前来赶街的有汉族、黑彝、甘彝、苗族、傣族、傈僳族。十冬腊月为旺季，赶街人数可到 1800~1900 人，五六月为淡季，可到六七百人。其中汉族占 35%~40%，黑彝 30%~35%，甘彝约占 20%，苗族约占 0.5%。商人中汉族最多，占 70%，其中四川人占 40%，黑彝占 25%，甘彝占 0.5%，其他占 4.5%。

在这个街子上进行交换的主要是各民族的土特产，交换带有明显的"以有易无"的性质。由于地理条件不同，气候复杂，物产也不相同，各族人民需要通过交换来取得自己所必需的生产工具与生活资料。长期以来，由于这里的社会分工并不明显，许多专业生产部类和独立的手工业者并未产生。资本主义侵入之后，自然经济受到了一定的破坏，人们依赖市场的特点日益明显，商品购入数量虽因各户消费水平不同而有差异，但在总的消费额中，所占的比重也在一天一天地增长。

在街子上出售的东西，黑彝有稻谷、苞谷、大米等；甘彝有麻布、草鞋、索（绳）子等；傣族有草席、甘蔗、红糖等；苗族有荞子、萝卜等；傈僳族有洋芋、苦菜、蜂蜜等。他们除从各族人民处换到自己所需要的东西外，还从商人手中买到盐、布等。

交换的方式有两种，即实物交换与货币交换，两种交换的数量大致相等。实物交换的主要有布、杂粮及其他农产品。各地商品的交换价格如下：

麻布 26 页 = 棉布 1 件

绿豆 1 升 = 大米 1 升 = 谷子 2 升

苞谷 1 升 = 黄豆 1 升 = 花豆 1 升

草烟末 2 升 = 黄豆 1 升

花荞 1.5 升 = 黄豆 1 升

辣子 2 升 = 大米 1 升

草鞋 5 双 = 谷子 1 升 = 花生 1 升

以上的交换价格，有时因商品来源的多少，也有些变动，但大体上如此。货币交换所用货币如下：

清光绪年间：通用银子、碎银、制钱。

民国初：用半开（又称龙元、花钱。一元之半开，金属币，相当于后来的五角）。

民国四至六年（1915—1917年）：同上，另加辅币两种，即铜元、镍币。

民国七至八年（1918—1919年）：改用滇票，打八折使用。

民国十七至十八年（1928—1929年）：用富滇银行的麻票。滇票打二折用。

民国二十四至二十五年（1935—1936年）：用法币，1元抵滇票50元。

民国二十九至三十七年（1940—1948年）：用关金、金元券。

1949年至解放前后：用半开、铜钱。

新人民币发行后，货币正式统一。

1911年以前，本地商人很少，绝大多数是四川来的，他们贩来布匹，一次1~3卷（一卷36件），也贩来杂货，如草烟、针线、帽等。来一次，住两三个月；去时带走大烟、银钱等。1913—1914年以后，本地商人渐多，大商人多为地富阶层，营业种类并不固定，亦做投机买卖。年关将至时，低价收购粮食；五六月时，高价出售。摊贩多贩卖布、盐等。布商1927年后才多起来，已占到在本地卖布的全部布商的60%以上，其中地富阶层占80%以上。盐商在1913年前后即有，至1927年后更多。本地盐商亦占60%以上，其中地富占75%~80%。

本村从事商业活动的情况有三种（参见表6）。

专业小商人：专业小商人只有一个，即余长才（汉族，其家中人仍种田），有资本，合谷子820斤，专贩卖盐巴，年利润约合谷子3280斤。

表6 万宗铺村1948年商业情况调查表

户名	成分	民族	商品种类	解放前情况				解放后情况
				人数	资金（折合）	年利（折合）	年经商时间	经营情况	
凤惠珍	地主	黑彝	酒	2	1石谷	10石谷	10个月	赶东坡、白马口等街，每月赶三街或四街，每街卖3斗谷子的酒，用牲口驮去	解放后一直到土改时仍做酒卖，土改中未做，1953年7月到10月又做了4个月，以后未做了
杨绍武	富农	汉	贩牛	1		20石谷	2个月	贩牛去昆明卖每年赶三转，每转三头牛，每转20天	解放后继续经营到1954年
王国珍	地主	黑彝	酒	2	0.8石谷	5石谷	10个月	每街卖2斗谷子的酒	1950年、1951年还做

续表

户名	成分	民族	商品种类	解放前情况					解放后情况
				人数	资金（折合）	年利（折合）	年经商时间	经营情况	
陈子元	小手工业者	汉	酒	2	1石谷	8石谷	10个月	赶东坡、白马口等街，每月赶三街或四街，每街卖3斗谷子的酒，用牲口驮去	解放后仍做，1952年3月才不做了
张洪才	小商人	黑彝	猪、鸡	1	0.75石谷	8石谷	100天	赶猪不要本钱，但鸡要现款，卖后才给钱，年可跑八九趟	解放后不做了
余长才	小商人	汉	盐巴	1	2石谷	8石谷	常年长作	不种庄稼，专做盐巴生意，赶到捕甸，卖后才付款也不要本钱	
凤成周	中农	黑彝	酒	2	0.6石谷	4石谷	10个月	每街可卖2斗谷子的酒	1953年8—10月还做，以后申请不做了

续表

户名	成分	民族	商品种类	解放前情况					解放后情况
				人数	资金（折合）	年利（折合）	年经商时间	经营情况	
杨富	贫农	汉	酒	1	0.3 石谷	2 石谷	10 个月	赶东坡、白马口等街，每月赶四街，每街卖一斗谷子的酒	1953 年 8—10 月还做，以后申请不做了
合计				12	6.45 石谷	65 石谷			

表 7　万宗铺村 1948 年各阶层产品分配统计表（一）

阶层	贫农	下中农	上中农	富农	地主	其他	合计
户数	25	2	5	3	2	3	40
人口	97	9	18	17	9	17	167

续表

阶层		贫农	下中农	上中农	富农	地主	其他	合计
占有土地（亩）	面积	100.4	17.2	66.6	58.2	41.15	27.1	310.65
	每户平均占有	4.016	8.600	13.320	19.400	20.575	90.33	7.766
	每人平均占有	1.035	1.911	3.700	3.424	4.572	1.594	1.860
每人平均占有占自然平均占有数（%）		55.91	102.74	198.91	184.04	245.79	85.7	
收入折合（斤）	劳动收入 自耕地产量	35298.5	4790	23465	21080	11965	7922	104520.5
	劳动收入 租人地产量	26074	3890	2460			1230	33654
	劳动收入 受雇工资	4571.5	328					4899.5
	剥削收入 地租	1230	300	1815	1395	2383	820	7943
	剥削收入 债利			71.75		738		809.75
	手工业商业收入			1640	25010	6970	11480	45100
	总计			29451.75	47485	22056	21452	120444.75
手工业商业收入占农业收入数（%）				5.03	52.606	30.12	53.5	

续表

	阶层	贫农	下中农	上中农	富农	地主	其他	合计
支出折谷（斤）	国民党剥削	耕地税	6317.5	1138.1	4162.5	3637.5	2671.87	1343.75	19271.22
		附加税	2534.7	425	1675	1455	1028.75	537.5	7655.95
		征购	200	100	350	800	300		1750
		烟酒屠宰税	1705.6	131.2	328	196.8	131.2	196.8	2689.6
		门户钱	6350	800	2000	1200	800	550	11700
	土司剥削	官租	935.1	123	541.2	282.8	475	256	2613.1
		小租	72	8	20	8	8	12	128
		债利			102.5				102.5
	总计		18114.9	2725.3	9179.2	7580.1	5414.82	2896.05	45910.3/
	上壮	地租	13465	1945	1230			615	17255
		质剥	1902.75	143.5	307.5			1468.5	3822.25
	雇工支出		221.4	184.5	1148	1358	1558	205	4674.9
	合计		33704.05	4998.3	11864.7	8938.1	6972.82	5184.55	71662.52

25

续表

阶层	贫农	下中农	上中农	富农	地主	其他	合计
本阶层实得			18232.8	38551.9	15085.18	16267.45	
每户平均分得		843.3	3646.72	12850.63	7542.59	5422.483	
每人平均分得	385.2	77.6	1012.93	2267.76	1676.13	956.9	
每人所得占自然平均所得(%)	35.45	77.6	93.2	208.7	154.25	881	

（表头：各阶层分配情况，折合（斤））

备注：1. 土地面积服自然平均数1.8598亩。2. 总产量自然平均数1089.6197斤。3. 农业收入＝自耕地产量＋租入地产量＝14520.5+3654=18174.5斤。4. 做调查时发现当地农民给的很多信息不准确。今天和昨天说的可能就会有出入，因此表格中有些数字不能完全对上。

26

表8 万崇铺村1948年各阶层产品分配统计表（二）

阶层		贫农	中下农	上中农	富农	地主	其他	合计
户数		25	2	5	3	2	3	40
人口		97	9	18	17	9	13	163
劳动力	全	55	4	13	10	6	10	98
	半	14	4	2	3	2	3	28
国民党剥削折谷（斤）	耕地税	6317.35	1138.1	4162.5	3637.5	2671.67	1343.75	19271.07
	附加税	2534.7	425	1675	1455	1028.75	537.5	7655.95
	征购	200	100	350	800	300		1750
	烟酒屠宰税	1705.6	131.2	325	196.8	131.2	196.8	2689.6
	门丁钱	6350	800	2000	1200	800	550	11700
	总计	17107.65	2594.3	8515.5	7289.3	4931.82	2628.05	43066.62
各阶层负担（%）		39.8	6.02	19.8	16.9	11.45	6.12	

续表

	阶层	贫农	中下农	上中农	富农	地主	其他	合计
土司剥削折合（斤）	官租	935.1	123	541.2	282.8	475	256	2613.1
	小租	72	8	20	8	8	12	128
	杂派							
	债利			102.5				102.5
	劳役							
	总计	1007.1	131	663.7	290.8	483	268	2843.6
	各阶层负担（%）	35.7	4.8	24.5	10.8	17.6	6.1	
一般地主性质的剥削折合（斤）	租入 本村 面积（亩）	12.45	8	2				22.45
	租入 本村 租额	2105	1945	410				4460
	租入 外村 面积（亩）	59.5		6			3	68.5
	租入 外村 租额	11360		820			615	12795
	租出 本村 面积（亩）	8	1	9	11.2	13.25	6	48.45
	租出 本村 租额	1280	300	1815	1395	238.3	820	5848.3
	租出 外村 面积（亩）	4		14	1.4	49.1		68.5
	租出 外村 租额	410		1640	205	10540		12795

续表

	阶层		贫农	中下农	上中农	富农	地主	其他	合计
一般地主性质的剥削折合（上）	雇工	雇人 长工 人数					2		2
		雇人 长工 剥削量					2266.06		2266.06
		雇人 零工 人数	57	45	240	330	180	50	902
		雇人 零工 剥削量	297	247.5	1320	1815	990	275	4944.5
		雇人 童工 人数			1				1
		雇人 童工 剥削量			377.68				377.68
		受雇 长工 人数	2						2
		受雇 长工 剥削量	2266.06						2266.06
		受雇 零工 人数	87.5	80					167.5
		受雇 零工 剥削量	4812.5	440					5252.5
		受雇 童工 人数	1						1
		受雇 童工 剥削量	377.68						377.68

续表

阶层			贫农	中下农	上中农	富农	地主	其他	合计
债利 一般地主性质的剥削折谷（斤）	借入	本村 本金	389.5						389.5
		本村 利息	194.75						194.75
		外村 本金	3416	287	850			2937	7460
		外村 利息	1078	143.5	410			1468.5	3730
	借出	本村 本金					1476		1619.5
		本村 利息					738		755.75
		外村 本金				61.5	684.5		746
		外村 利息				307.5	4422.5		4730
牛租	租入	牛架数	133					9	142
		剥削数	1210.3					81.9	1292.2
	租出	牛架数	29		75	55	29		188
		剥削数	263.9		682.5	500.5	263.9		1710.8
剥削收入折谷（斤）			1790	547.5	4266.93	3710.5	6640.96	1095	18050.89
被剥削收入折谷（斤）			42149.04	5253.8	10719.2	7580.1	5414.82	4961.45	76078.41
剥削收入人数占被剥削支出（%）									
备注									

地、富兼商人：地主凤惠珍（黑彝），做酒卖。其资本合谷子410斤，赶万德、白马口、马德坪等街子，年利润约合谷子4100斤。地主王国珍（黑彝），也做酒卖，其资本合谷子328斤。赶各街子，年利润约合谷子2050斤。富农杨绍武（汉族），除做银匠外，每年还跑昆明，每次赶去两三头水牛出卖，一年可跑两三趟，每次往返20多天，每年可赚钱合谷子8200多斤。

临时性的小商贩：一般农民在农闲季节，为了赚点零用钱贴补生活，也从事一些商业活动，有的赊点猪或买点鸡、草鞋、铜罐子等，背到插甸出卖。有的回头带些盐巴，也有的买点自己的生活用品。个别户做的较经常，赚钱也比较多，如张洪才，一年要跑插甸二三十趟，能赚钱合谷子3280斤，为他的农业收入的128.7%。

图 1　五个干部

人物从左至右：出纳，会用琵琶弹《苏武牧羊》；积极分子，彝族；副连长，姓凤，彝族；生产副大队长，姓凤，彝族；生产大队长，李连花，汉族。

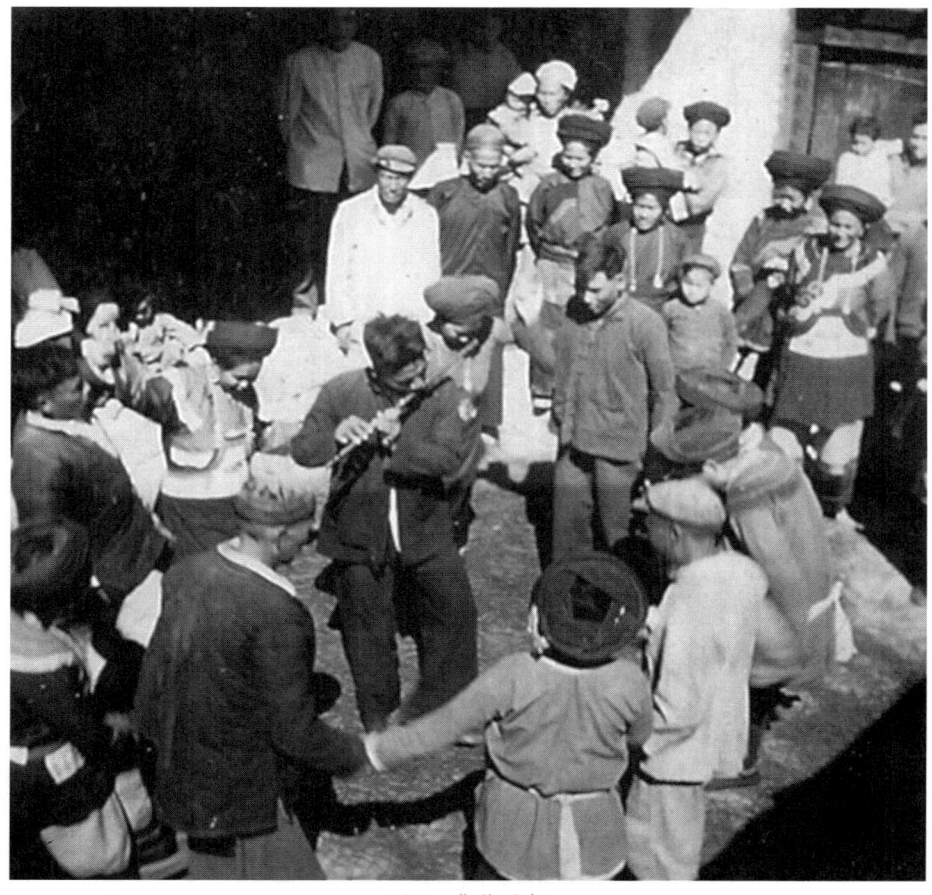

图 2　集体跳舞

过年（春节）的除夕夜晚，当地区委干部和我们民族调查组全体成员与彝族老乡三十余人，在食堂大院中集体跳"踏脚舞"。歌曰（一）："跳歌来，来，跳歌来；跳破鞋子妹做来。阿哥跳断麻鞋底，阿妹跳破绣花鞋！"（二）："哥是天上喜鹊心，妹是地上一株梅。喜鹊落在梅树上，石头打来也不飞。"循环唱，直到停跳为止。

图 3 出嫁诉苦情

除夕晚会上演节目之一,出嫁者席地而坐,立而唱歌者为两个亲兄弟,同情将出嫁的妹妹。地上铺垫的是松茅(叶)。

图 4 四女唱歌

四位都是破除旧习俗的女积极分子。

图 5 一男一女吹响篾

春节晚会上,大队普会计与普李氏共同弹唱"响篾"。普李氏是区民兵连长普安友之母亲。

二、万德区的生产关系和阶级斗争

（一）概况

万德区位于武定县最北部，东至禄劝县①，西至水田大河，河西岸是七区，南接二、三区②，北至金沙江。全区总面积为4800平方公里③。地形复杂。其耕种面积，高寒山区占全区总耕地面积的69%，半山区占26%，河谷区占5%。本区最高处（马德坪）海拔达3470米以上，最低处（白马口）海拔只有340米左右。由于山岭起伏，沟涧纵横，很难找到一块平地。新中国成立以前，这里的社会公共事业十分落后，所以这个区域虽然很大，人口很多，但交通极不方便。在这里，除从万德到罗能有一条小路外，其他村与村之间往来，完全依靠羊肠小道，有些地方悬崖陡峭，空身人都很难行走。

这里的气候也极复杂。高寒山区为亚寒带气候，半山区为温带气候，河谷地区为亚热带气候。从全区来看，降雨季节一年可分为干湿两季。每年的五月④至八月为雨季，降雨最多。八月以后落雨较少，九月上半月为"土黄"季节，下雨叫"烂土黄"，不下雨叫"干土黄"。"干土黄"的机会较多。这里雨季的雨量也不很大，下雨也不经常，往往发生旱灾，如老农民普遍记得的马年、羊年（1906年、1907年）连遭旱灾，两年不得栽种。1953年也逢大旱，有些地方立秋还栽不下秧。小旱则常常发生。

因为山势太陡，坡度很大，山涧河谷中没有常年流水。多雨季节，山洪暴发，水势汹涌下泻，可是雨水一过，河床外露，存水非常困难。虽然水田大河和金沙江的水量都很大，可惜由于水低田高，得不到充分利用。仅在白马口⑤，可以灌溉很少的一部分田地。彝族和汉族人民在很早以前，已在这里着手兴修水利。他们在一些肚大口小的低洼地带修造了容纳洪水的坝塘，用以培育秧苗及灌溉稻田，像全县

---

① 现禄劝彝族苗族自治县。
② 此处的七区、二区、三区相当于今东坡傣族乡、插甸乡、高桥镇。
③ 现万德乡面积241平方公里，而全县面积约为3322平方公里，故所谓"全区总面积为4800平方公里"，有误。
④ 此处为公历，以下未写明农历者，皆是。
⑤ 现为东坡傣族乡白马口行政村。

最大的坝塘——万德坝塘，就是劳动人民挖掘的，可灌田 170 多亩①，附近十几个村的秧苗就依靠这个坝塘的水来培植。不过，以前坝塘完全掌握在土司手中，坝塘附近的农民徒有得用水之名，还要交"双租"（其中多一份水租），其实水少时，土司已全部专用，农民根本不得使用。灌溉面积，1948 年只有 1500 亩；新中国成立后大兴水利，已增 10.3 倍。

本区农作物种类极多，各地各村因气候地形而有所不同。粮食作物方面：万德附近产稻谷、苞谷（玉米）、小麦、大麦、蚕豆、洋芋（马铃薯）、豌豆、黄豆、四季豆、老米豆、米稗等；马德坪附近产燕麦、苦荞等；支卧、昔康支、一尺达、古亨铺等地产高粱、小米、红薯、土瓜等；大米米村产绿豆；罗能乡多产稻谷。经济作物方面：万德产大麻、菜籽、烤烟等；罗能、扣己、一拉格、白马口等地都产甘蔗；一拉格、一尺达产棉花、芝麻；支卧产花生。蔬菜、瓜果方面：万德产南瓜、茄子、辣子、苦菜、白菜、葱、大蒜、萝卜、黄瓜、番茄、茴香、韭菜、芹菜、山药、木芋、洋姜、包包白、苤蓝。马德坪有砍平瓜、萝卜；古亨铺、下村有莲花白；支卧产姜；白马口产西瓜；自乌、立阿拉产黄果；平山、甲拉沟、战几产梨。②

自然生长的药材中有半夏、天南星、防风、茯苓、当归、淮山药、白山药等。矿产方面：渣基、更德、马昌德有大煤矿；万德、金沙江沿岸有铜矿；大米米村有黄铁矿；白马口、昔康支一带产石膏；金沙江沿岸产金砂。

森林可伐木材。林中野兽，野禽也很多，如豹子、狼、黄鼠狼、麂子、猴子、黑猪、穿山甲、脚尖狸、竹鸡、野鸡等。

本区共有居民 4648 户，22133 人，③共包括 8 个民族，其中汉族 1881 户，8995 人，占总人口的 40.6%；彝族 1820 户，8356 人（包括黑彝和甘彝），占总人口的 37.8%；傣族 275 户，1264 人，占 5.7%；苗族 208 户，1035 人，占 4.7%；此外还有回族等。一般说来，苗族多住在高寒山区，彝族、汉族多住在半山区及山梁子地带，傣族、甘彝多住在河谷地带。从居住情况来看，苗族、傣族、甘彝多聚居，汉族与黑彝多杂居；汉族也有聚居的，如下村、古亨铺、十大脚等村，解放前

---

① 此为市亩，下同。
② 上列诸地名，除万德坪（今万德平）、支卧、自乌属万德乡的行政村，罗能、平山属己衣乡的行政村，白马口属东坡傣族乡的行政村外，其余昔康支、一尺达、古亨铺、大米米、扣己、一拉格、下村、立阿拉、甲拉沟、战几等均为万德等乡的自然村。
③ 由于万德乡较原万德区为小，故现人口仅 2 万人左右。

只有一两户外族居住，其余都是汉族。

万德地处本区的中心，经济、文化比较发达，自然条件较好，是土司所在地。"万德"是彝称，"万"是"猪"，"德"是"坪子"。"万德"即"养猪的坪子"之意。在古代由于这里自然条件较好，有荒山、有池塘，又盛产谷而多米糠，便于养猪，因得此名。远在清嘉庆年间，慕连土司即有意设治于此。

（二）生产关系

生产资料的占有关系——土地的领主占有制向地主占有制转化的过程。

在解放前较长的一段时间中，本地区的土地占有形态的基本特点，已经是由俗称封建领主制度向地主经济制度过渡了。越到近代，地主经济的比重越大。解放前后的五十年，地主经济已处于主导地位，领主经济随着土司权力的日益削弱而逐渐衰微。而且土司本来所从事的领主剥削，也日益增加了地主式的剥削成分。不过直到解放前夕，领主制度虽已成为残余，但由于封建军阀或国民党地方政府对于土司制度的支持，并与之互相勾结，共同压迫与剥削人民，这就使已被人民打击得残缺不全的领主特权得以部分地、时隐时现地勉强维持下来，并一直被视为合法。因此土司对于人民的剥削与压迫，比起一般地主来更为严重、更为凶恶。

1934—1935 年的反土司斗争之后，土司虽因得到国民党政府的支持而取得表面的胜利，但就整个领主制度来说，却遭到了极其沉重的打击，土司的政治特权基本上被摧毁。这为地主经济的进一步发展开辟了更广阔的道路。土司对于农民的剥削基本上相同，可以说已成为一个一般性的大地主了。

1. 从现存的领主制残余推论土司占有土地的基本形态

解放前，本地区保留下来的残余的领主制度还是很多的，因而可以这样肯定，领主制在不太长的时期之前，曾经是这一地区基本的占有制度。今从三种类型的地区来考察这一问题。

（1）未发生土地买卖的马德坪；新衙门、多支里、路基地区①的"领主制"中的"领田制度"

马德坪、多支里、新衙门、路基四个地区分属于四个那姓土舍。根据我们的调查，这四家与万德慕连土司本为一家，在清康熙时分为五家，万德那家是受过正式

---

① 新衙门、多支里、路基均为万德乡的自然村。

诰命的土司，其他四家都是因慕连土司受封而得土舍称号的，不是土司。至解放前夕，马德坪那汝松家辖有村庄27个，约有604户；新衙门那久立家辖有村庄13个，约有67户；多支里那汝雷家辖有村庄8个，约有110户；路基那昌光家辖有村庄3个，约有34户。四家那姓各是自己辖区内的主人，不仅这里的田地都属于他们所有，山林、河流也都是他们的，在这里种田地的农民都是他们的佃户。新来农户或因分居等原因而无田的农民，可以向那家用"献鸡酒"（彝话，或"献羊酒""献马酒"）的方式请领田地耕种。如那家答应，即收下献品，并指定田地由请领者耕种，并可在指定地点搭建房屋居住。请领者按照旧例，承担佃户应尽的一切"义务"。如经济困难时，可以将田地抵押典当出去，但不能出卖。如实在不能耕种时，只有还田地给那家，自己迁走。这种"献鸡酒"制度，实际上就是"领主制"中的"领田制度"。这里的农户不仅在经济上受那家的剥削，在政治上也直接受着他们的统治，农民不单纯地把那家看作"地主"，而称他们为"苍茫"，即"官家"。

（2）在大地主剥削制度中保留着的领主制残余

肯机村[①]在万德西约一公里处，是傣族聚居村，共有37户，田4石7升5合[②]，产权属于万德安姓大地主。他们称安姓地主的剥削与西双版纳傣族、芒市傣族相同。

这家地主对于该村农民的剥削，有着较完整的领主制的剥削制度。该村农民除耕畜、农具、生活器具等归农民个体家庭所有外，作为基本生产资料的田地、山林、河流、地塘乃至居住的地皮，完全归安家所有。无论新来户或旧居户如需田耕种时，可以向安家或其代理人"伙头"（傣话叫"干"）献一支膳鸡、一斤[③]酒和几块[④]钱请领田地。本地傣话称田为"纳"，称献递为"特"，"酒"为"劳"，"鸡"为"该"。这种领田手续，傣族人称为"特劳拉"。这种"领田制度"和德宏[⑤]傣族的"拉吉格牙"（献草烟领田）制度是相同的，不过在德宏是献给土司或其头人，在这里是献给大地主或其头人。如安家收留所献，即表示同意给田，并指定某块田地由请领者耕种，某块地皮可以搭屋居住，从此该户就成为他辖下的佃户，要承报一切佃户应负担的田租、劳役与各种杂派。

---

① 肯机村为东坡傣族乡的自然村。
② 一石10斗，一斗10升，一升10合，下同。
③ 此处为市斤，下同。
④ "块"相当元。一元为银元还是"半开"，不详。所谓"半开"，是解放前流行于云南的一种银币，两个半开合一个银元。
⑤ 指云南德宏傣族景颇族自治州。

农民不能随便采伐林木，也不能随便开荒，如农民想开荒，必须以"献鸡酒"的方式请领，获得允准之后，才得在指定的地点和范围之内进行，三年之内无租，三年后根据安家的意见纳租。

农民的田面使用权相当牢固，只要在按照规定履行佃户应尽的各项义务，不违反安家的尊严的情况下，田面使用权可以传给子孙，可以分成几份给自己的几个儿子，也可以出租，如因生活困难时，可以抵押典当出去。但农民对于自己耕种的那块田地的权利，仅仅到此，他们绝对没有出卖田地的权利。如实在生活不下去时，可以将田交回，迁出本村，这就是"来时修去时丢"的制度。出租、抵押典当关系亦未在村内发生，都是与外村发生这种关系。因为本村农民都有自己的"领田"。田地在抵押、典当出去之后，仍由原农户耕种，收成后先交安家的地租，其余与受抵当户平分。这种由抵押典当关系转变而成的租佃关系，保留了田面使用权。在该村中，使安家的剥削制度不因抵当关系而受到影响。这就使抵押典当关系变成了利息不定的高利贷的性质。如田地出租，出租者的义务不变。

该村的地租租额很高，1948年本村共有田4石7斗5合，约合163亩，产量为122.25石，合50122.5斤，共出地租42.7石，合17302斤，约占总产量的34.9%。根据调查，本村原来的租额为1斗种上1.1石（合451斤）租，占产量（3石）的36.7%，实际1斗种上8斗的也有，种上1.5石的也有，并不一致。

安家的规定是"荒田不荒租"，如马年与羊年（距今52年和53年）两年大旱，都不得栽，农民挖食草根树皮，死亡很多，可是安家仍以强权勒迫农民，索取地租。如交不上，就遭到打骂拘捕。因此许多农民变卖衣物器具，到禄劝去买苞谷上租（因为禄劝那里只有苞谷），上租时1斗苞谷折合谷子1斗4升。

安家对于肯机村的农民亦享有"劳役剥削"，每户农民每年要为安家"出白工"50~60个。从正月初二开始，直到腊月三十（或小月二十九日）从不间断，随叫随到。从砍白柴到抱娃娃，什么都干。其他额外剥削也极多。如每年秋后，各家都要杀一头猪，招待安家吃租席，一家招待一顿。因家家要烧木柴，每年交山租每户约1升（规定1人交1斤，4斤为1升）。因为家家要"烧山吃水"，所以做什么活计就要给安家献什么东西。如有家庭副业的农户，打草鞋，每年就献几双草鞋，打草帘子，就献几床草帘子；小商人贩卖各种生产生活用具，每年就要献各种名目的钱。"献"在肯机村已成为定制，他们叫作"咢"（傣话），他们说"干什么就要咢什么"。

这个村的农民，不再负担慕连土司的任何租役（包括官租、劳役杂派），安家实际上已成为这个村的领主了。

　　这家地主的剥削所以渗有领主制残余在内，是有根源的。根据调查，肯机与戛里、加里、昔康支、一都摩、召布块、沙支古等7村①原都属慕连土司，在清道光年间，那振兴为土司时，将这7个村子划归金沙江北沙土司家（黑彝），作为陪送姑娘出嫁的礼物。那个时候，这几个村子的田地都不准许买卖，后来沙家穷了，又将这7个村子出卖了，将戛里村（甘彝）、召布块村（甘彝、傈僳族）、沙支古村（甘彝）卖给万德杨文才（黑彝、贡爷），加里村（甘彝）卖给马德坪那佩之（黑彝、新贡爷、土舍），昔康支村（甘彝）卖给万德张厚（黑彝族、马司）、一都摩村（甘彝）、肯机村卖给万德安振邦（马司），于是作为领主制的剥削方式也就随着整个村子的出卖而转移到大地主手中。安家虽不是土司，但安振邦曾为土司家的马司，后来其女那安和清又是当权的女土司，其子安建勋、安朝勋是"舅老公"，凭借土司的势力为所欲为，因之领主制度的残余一直保持到解放前夕。

　　（3）慕连土司统治下的领主制残余

　　慕连土司家在观念上认为在他的统治区域之内，所有的田地、山林、河流、池塘等全是他家的，农民全是他们的佃户，他们就是这里的主人，所以他们自己认为"库底促茫拜"，即"完全都是土司家的"，这实际上是"普天之下，莫非王土；率土之滨，莫非王臣"的观念。自有土司以来，农民就没有自己的土地所有权。如种田地或开荒时，要以向土司献1只羊、1斤酒的方式请领田地。农民种田种地要缴官租，水田用坝塘水要交双租（包括水租），即使土地买卖发生以后，土司的这种剥削仍然存在。因为买卖的不是土地所有权，乃是田面使用权。任何人买去田地，都要交官租，这叫作"管租管佃不管卖"。各种杂派，如山场租、火塘租、小租、佃谷、马料谷、加二谷、新鸡、新酒、新麻、新米等，都要承担；劳役负担也极突出：内四甲②每户每年要出60~70个工，外甲还有专门为土司抬轿、吹唢呐（小喇叭）、舂米的村子。

　　1935年以前，土司是这里的政治统治者，有完整的统治组织，有衙门、监狱、土司兵等，俨然是一个土皇帝。虽然100多年以来，由于人民的不断反抗与流官对于土司权力的限制，土司的政治与经济力量一天一天地在削弱，但直至1935年以前，在这一地区的领主制还是存在的。1935年遭受到人民的沉重打击之后，一些政治特权被取消，衙门也形同虚设，土司只保留下"田主"的身份，领主制才真正成为残余。

---

① 此七村均为万德等乡的自然村。

② "甲"为当地封建土司统治区域的行政单位。

根据对于以上三种类型地区的领主制残余的分析，我们认为，在若干年之前（110~120年之前）本地区实际存在着领主占有制度，而且是这里唯一的土地占有形态。那时候，这里的农民是奴隶、隶农或农奴的身份，世世代代为土司家种田服劳役，遭受着极其残酷的奴役和剥削，没有自己的土地所有权，也没有人身自由。

2. 领主制的逐渐破坏与地主经济的发展

（1）土地买卖发生的时间

根据调查，从前这里的土地不准买卖。至清咸丰年间，那仁安当土司时，发生了回民杜文秀的反清斗争。清政府向那土司征兵，那土司派练头李髯子（小牛扎村①人）率土练180人至大理作战。李髯子归来后，主张土地可以自由买卖。土司不答应。李髯子就联合了人民一起反对土司。土司为了缓和矛盾，一方面让李髯子当了马司，另一方面只得被迫准许农民可以买卖田地。又有一传说：杜文秀反清时，清政府向慕连土司征土练300名，当时武定各地彝族人民参加起义的很多，慕连地区也动荡不安，土司征兵困难，又不敢违抗"圣命"，就准许农民可以自由出卖田地，得来的钱集股雇壮丁应征。从此，农民可以买卖土地。

根据我们对万宗铺村的调查，这些传说至少在"时间"这一点上有其可靠性。本村长坝塘②凤家（凤鹤堂的祖先）迁来本村时，约在1825—1835年（即道光年间），那时，这里的土地还不准许买卖。凤鹤堂大爷的祖先搬来之后，开荒种田，搭屋居住，成为土司的子民。至慕底黑王家（王世明的祖先）搬来时（1880年前后），这里的田（地）面使用权的私有性已相当牢固，并早已有了买卖关系，王家即向已在慕底黑居住的张凤贵（张洪清的祖先）及万德村地主杨家（杨玉池的祖先）买到荒地几块，开垦为干地，并搭屋居住。

我们在调查慕连土司统治下的汉彝杂居村万德村、汉族聚居村古亨铺下村、甘彝聚居村支卧村、泥拉沟村时，都得到同样的反映，即在80多年以前，这些村子周围的田地、荒地、山林和村内的地皮，早已分属于居民各户了，而且盛行着买卖关系。

由此看来，土地的买卖，大约发生在距今100~120年前，即1838—1858年之间。当然土地的买卖关系的发生，不是决定于某个人或某几个人的主观愿望，这是由于生产力的发展所引起的领主制度的逐渐破坏，与地主经济日益发展的结果。"管租管佃不管卖"这句话充分表明了领主经济向地主经济过渡时期，土地占有形态

---

① 现为万德乡的一个自然村。
② "坝塘"今名"坝塘埂"，为近城镇的一个乡。

的过渡。

(2) 近百年来地主经济的发展与土司买卖典当田地的情况

数百年来,武定即为各民族杂居的地区,其间少数民族小片聚居的面积不太大,人数不太多。在生产方面,由于各民族之间互相学习、互相影响,特别是汉族的先进生产方式对于各兄弟民族的影响,发挥着极其深刻的作用。彝族人民很早就使用铁制农具,使用耕牛犁田(地)、刀耕火种的方法极少,生产力比较发展。为获得生产与生活方面的某些必需器物,他们也将一部分农副产品,如绿豆、花生、谷子、牛、马、驴、骡、猪、鸡、草药、蔬菜乃至草鞋、蓑衣、竹箩等投入市场,换取自己必需的生产用具与生活必需品。这是本地区商品经济最早发生的物质前提。根据调查,下村街子(万德街子的前身)建立于清同治八年至九年间(1869—1870年),以后相继建街的有罗能、板桥[①]、马德坪、白马口等,多建于1900年前后。这些多民族市场的建立,一方面进一步发展了各民族之间生产与生活上的联系与依存关系,促进了生产上的发展与文化上的进步;另一方面也刺激了商业资本与高利贷资本的发展。一些大商人与高利贷者起初通过抵押与典当的手段集中土地,土地买卖发生之后,更为他们集中土地开辟了极为有利的道路。根据我们对于万德街子的调查,在1911—1941年的30年中,本地区资本较大一些的布盐和土产商人共有20家,其中地主10家、占50%,富农7家、占35%,中农3家、占15%。这些人都兼收高利贷。可见地主经济的发展和商业及高利贷资本的发展分不开。100多年来,在这个地区,地主和商人及高利贷者是三位一体的。如万宗铺村的地主朱文新和富农杨绍武,都是以贩卖水牛、绿豆、花生到昆明和兼放高利贷起家的。

地主经济发展的过程,也就是土地私人所有制与领主所有制斗争的过程,我们从对于作为领主存在的土司的调查中,发现这家土司即使在初立和最强盛时,他的政治与经济力量也并不是十分强大。

据《明史·土司传》记载,武定府在万历三十五年(1607年),土司凤继祖(反明被杀)之侄凤阿克起事失败以后,"遂悉置流官"。仅在火头、寨长、土目之属,保留土职;在少数民族中,不复拥有较大势力之首领。至清康熙四年三月(1665年5月),以彝族为主体的云南大多数少数民族联合反清时,清兵全力进攻,并利

---

① 现为己衣乡板桥行政村。

用了阿迷[①]、武定、沾益各地少数民族。至七月各土兵败后，土长亦多被诛戮。被利用的各族仍得保有土官，至雍正四年（1726年），又被借此削职（参看明〔天启〕《滇系》"事略"）。

由此可见，历代统治者伴随着对于少数民族的屠杀而逐步废除了土官，改设流官统治。虽然历代统治阶级以"以夷治夷"的政策利用了少数民族中的个别头目，并给以土官职务，可是对于他们的存在也是不甘心的，即使不予削职，也是在实权上大加限制。

根据调查，慕连土司是清嘉庆年间立的。第一辈土司是那嘉猷，他虽有"正五品顶戴"之名，实际辖区只有武定直隶州的"五境三乡"之一，即慕连乡。他本人还要受武定州管辖。他也不可能将对于农民的剥削全部占为己有，要将"皇粮"交清政府。他所得的是以田主身份所进行的官租剥削。在兵权方面，政府规定只准许他有24个司兵，保护司署衙门，不能随意扩充武力，并规定土司在法律上没有"斩杀"的权力。从这里可以看出土司要想扩大或发展他的政治与经济力量是相当困难的。

从土地占有形态上看，慕连乡周围多为以地主经济为基本占有形态的汉族区或汉彝杂居区，这种占有形态与正在发展着的商业资本及高利贷资本又一再影响或侵蚀着这一地区的领主制度。慕连乡的边沿地带的汉彝居民，首先接受着这种影响，这就使慕连地区由领主制向地主经济过渡的这一必然与不自觉的进程，通过人们自觉自由的活动表现了出来。

关于地主经济的产生与发展的概况，前面已谈过，在这里就土司的没落与地主经济的进一步发展，作如下说明。

那嘉猷初立为土司，是那氏土司家史上最兴盛的时期，至其孙那振兴时（道光年间）开始没落。继那振兴为土司的是绰号为"老憨官"的那仁安及那仁安之二子那康保、那靖保。那仁安是一个好大喜功、低能愚蠢的人，为了摆阔，盲目追求虚荣，东西非高价的不要，非名贵的不使；为了装饰门面，要用方石铺路，由万德直到罗能。那康保是一个精神不大正常的人。那靖保更是一个骄奢淫佚的鸦片鬼，他非广南苦烟不吸，非名牌好烟不要，烟灯、烟枪、烟签，都是金镶玉制。那康保娶了3个老婆，那靖保娶了6个老婆，天天过着荒淫糜烂的生活，挥霍无度。那靖保的3个老婆（大太太赖氏、二太太段氏、三太太马氏，都是汉族，昆明人）住在昆明，他也住在昆明，将土署中的一切大权交给马司王万镕，自己不闻不问。这就更

---

① 今开远市。

使土司的统治进一步走向衰落，直到那靖保晚年，领主制已达垂危的地步。

土司初封时，其辖区很大，东至十大角村、知利，与禄劝相连；西到水田大河，与环州土司辖境相接；南到插甸；北到金沙江边。共辖有上十三村（在今之插甸区①，即二区），法块村、飞多村、大洗衣村、法窝村、卡闸村、盛平村、坝七村、多法块村、多列村、大由西村、花园村、蚂蚁迷村、老施村；下十三村（属今之高桥区②，即三区），萨波查、泥戛古、阿背卡、米所拉、刀农、他那窝、集体、树沟、榨拉、谷谷拉、马房清、本住台、更壮拉。

插甸有两条河（即洼摩沟和那多河），有24个小团，大村子共有81个，连小村算起共有100多个。有1000多户村民。另外在武定会明桥（北门坡外）还有60个工的田，约6斗种（约合30亩，一斗种撒5亩），归那家收官租。

清代乾隆末年，在上十三村首先发生了反土司斗争，要求脱离土司的统治。至咸丰年间，上十三村完全脱离了土司，加入插甸境。同治年间，下十三村也起而反土司，后归入高桥境。这几次斗争都是以农民为主体，并有地主参加的为争取土地私有权、反抗剥削与奴役而进行的斗争，而且都取得了胜利，大大削弱了土司统治的范围，打击、削弱了土司的统治。

那振兴统治时期，失去的村子很多。他首先把武定北门坡60个工的田卖给了武定的5个汉族地主，这是那土司家最早出卖的田地。为了陪送姑娘出嫁，又将肯机、戛里、加里、昔康支、一都摩、召布块（甘彝和傈僳族）、沙支古（甘彝）等7个村子陪嫁。这7个村的所有权归于他的亲家江北四川普龙沙土司家。道光年间，为了免除300名土练，那仁安将插甸两条河（15个村）一并送给了普洱镇台③刘存中（武定人、汉族）。这也就使土司的力量日益衰落。至那康保、那靖保时，情况更为严重，他俩分居之后，尽情挥霍享受。正常的剥削不足以满足日益扩展的无底欲壑，他们便开始大批出卖和典当村庄。今将那康保、那靖保及他们的老婆出卖和典当的村作简要统计（参见表9—12）：

---

① 现插甸乡，以下所列诸村均为其自然村。
② 现高桥镇，以下所列诸村均为其自然村。
③ "普洱"，现普洱哈尼族彝族自治县；"镇台"，清代缘营兵高级统兵官总兵的别称。

表 9　那康保出卖和典当的村庄统计

典卖村名	时间	田数或租数		当卖	买主姓名	成分	民族	村别	数量
十大角	光绪	1000多亩		卖	刘张（6户）	地主	汉	赵块村	全
大地村	光绪	6.70石谷		卖	季牌光	地主	汉	大地村	全
鱼塘	光绪	5石租		卖	那佩之	地主	黑彝	马德坪	全
保处鲁	光绪	20库		卖	那佩之	土舍	黑彝	马德坪	全
汤德古	光绪	3石谷	租	卖	那佩之	土舍	黑彝	马德坪	全
		10石苞谷							
沙马处	光绪	2石荞租		卖	那佩之	土舍	黑彝	马德坪	全
糯尾	光绪	26石谷							
白能等					那佩之				
老黑									
巴拉得	光绪	1石苞谷		卖	那佩之	土舍	黑彝	马德坪	全
俄桔鲁	（32-33年前）	6石租	3包	卖	杨瑞生	地主	黑彝	俄桔鲁	全
干坝塘			3谷						
法土窝	光绪	5石蓍租		卖	李发昌	地主	黑彝	法土窝	全

表 10　那康保之三老婆那金氏当出的村庄统计

典卖村名	时间	田数或租数	当卖	买主姓名	成分	民族	村别	数量
债黑	光绪	6石苞谷租	当	农民自当		汉	债黑	全

表 11　那靖保出卖和典当的村庄统计

典卖村名	时间	田数或租数	当卖	买主姓名	成分	民族	村别	数量
支卧	光绪	30.3斗种	当	盛宗太	地主	汉	古亨铺	全
支卧	60年前	30.3斗种	卖	宋朝秀	地主	汉	高桥龙街	全
泥柱沟	光绪	100多亩	卖	盛宗太	地商	汉	古亨铺	80%
泥柱沟	光绪	100多亩	卖	周密峰	地商	汉	马德坪	一半

续表

典卖村名	时间	田数或租数	当卖	买主姓名	成分	民族	村别	数量
泥柱沟	光绪	100多亩	卖	刘和照	地主	汉	会理	一半
古亨铺	50年前	28石租	卖	周密峰	地主	汉	马德坪	一部分
古亨铺	38年前		卖	周密峰	地主	汉	马德坪	全
古亨铺	50年前		卖	农民自买（傅姓）	—	汉	古亨铺	4石谷租
下村	45年前		卖	盛宗太	地商	汉	古亨铺	全
下村	45年前		卖	盛宗太	地商	汉	古亨铺	全
下村	38年前		卖	周密峰	地商	汉	马德坪	全
戛里	光绪	26石租	卖	周密峰	地商	汉	马德坪	全
白马口	光绪	76石租	当	周密峰	地商	汉	马德坪	6石租
白马口	光绪	76石租	卖	二张和车家	地主	汉	白马口	70石租
新村	光绪	15石租	卖（两年）	曲显贵	地主	汉	万德	4、5石租
	光绪			农民自买		汉	新村	10石租
一尺达	光绪	7石小米租	卖	那佩之	土舍	黑彝	马德坪	2分
宜安拉	光绪	3石谷 / 5石苞谷 租	卖	那佩之	土舍	黑彝	马德坪	全
更德	光绪	22石租	卖	那佩之	土舍	黑彝	马德坪	全
米支	光绪	5石小米租	卖	那佩之	土舍	黑彝	马德坪	全
罗世里	光绪	22石租	卖	那佩之	土舍	黑彝	马德坪	全
甲他	光绪	4石小米租	卖	那郁胜	土舍	黑彝	马德坪	一半
汤德固	光绪	8石小米租	卖	那郁胜	土舍	黑彝	马德坪	一半
鲁古资	光绪	5石小米租	卖	那胜之	土舍	黑彝	多支利	一半
乍作	光绪	5石小米租	卖	那郁胜	土舍	黑彝	新衙门	一半
普炸	光绪	5石小米租	卖	那郁胜	土舍	黑彝		
阿古米	光绪	16石苞谷租	卖	李发昌	地主	黑彝	法窝	一半

续表

典卖村名	时间	田数或租数	当卖	买主姓名	成分	民族	村别	数量
衣纳古	光绪	4石租	卖	申自清	地主	黑彝	法窝	一半
昔康支	光绪	76石租	卖	张耀宗	地主	黑彝	高桥	一半
所所卡	光绪	76石租	卖	闻定元	地主	傣	所所卡	一半
措马拉	光绪	6石苞谷租	卖	农民自买	地主	傈僳	措巴拉	一半
米西	光绪	70石租	卖	那佩之	地主	黑彝	马德坪	一半
泥俄都	光绪	6石谷子	卖	农民自买		汉	泥俄都	一半
花园村	光绪	8石苞谷、2石荞子、4石谷子 租	卖	农民自买		汉	花园	一半
米纳古	光绪	4石苞谷租	卖	农民自买		汉	花园	一半
德古	光绪	15石苞谷租	卖	农民自买		汉	花园	一半
榨房箐	光绪	2石苞谷租	卖	农民自买		汉	花园	一半
咪俄老	光绪	2斗苞谷租	卖	农民自买		汉	花园	一半

表12 那安和清出卖的村庄统计

典卖村名	时间	田数或租数	当卖	买主姓名	成分	民族	村别	数量
小一罗慕起黑①	民国	12石谷租	卖	那郁胜	土舍	黑彝	新衙门	全部

大份子田，分为4块，也叫四甲。大甲属那康保，小甲、中甲、下甲属于那靖保，都由内四甲农民耕种。那靖保既把古亨铺、下村及新村的一部分卖掉，万德、万宗铺的一部分又属大甲——那康保，因此那靖保要征派"白工"，就很困难。他就把小甲租给万德沙益周（黑彝），租额12石谷子。后因太重，减为8石。中甲租给万德钱家（汉族），租额也是12石谷子。

大批购买土司田地的都是什么人呢？

在慕连区之外的，有购买十大脚（6个村）的禄劝越块村刘家，马松戈村张家等六家。其中五家是汉族大地主，一家是黑彝大地主，卖价1200两银子。购买支卧村的宋朝秀是高桥龙街人，也是一个汉族大地主。卖价是600两①银子。他自己的田地

---
① 此为市两，10两一斤。

也很多，雇长工经营，每年收谷子 200~300 石，合 82000~123000 斤，也放高利贷。

在本地区之内的，除那佩之、那胜之、那汝胜是土司的本家之外，其他大户都是大地主兼大商人及高利贷者，而且他们多数是汉族。

周密峰（汉族，住尼阿拉村①）是前清秀才，是由他的外舅禄劝大地主刘家（汉族）提拔起来的，家财极丰。他出钱给他人经商，他做"坐山老虎"吃份子，也兼营土特产，如贩运牛羊皮、花生、绿豆，运到昆明出卖；又从昆明运回棉布洋纱，到西康会理县（今四川）出卖，养有牲口 20 多头，一个月跑一两转。他的侄子帮他赶万德马德坪等街子。他也放高利贷，一街放铜钱七八千，每千利 1 百（7 天 1 街）。他前后买到的村子很多，有泥拉沟的一半，吵老周村的一部分，白马口村的一部分，所所卡、古亨铺、下村、戛里四村的全部；他的儿子周玉甫又于 1922 年前后从马德坪那家手中买到泥安拉村 36 石租。附近各村当或卖给他的田地很多，泥安拉 110 户中有 106 户当给他田地。每年放高利贷本利收 200 多石苞谷，利率为 100%~300%。

盛宗太更是本地有名的大地主，他的外号就叫"盛田主"和"大田主"。他以贩卖牛马牲口至昆明发家，赚钱很多。也放高利贷并购买田地。如支卧村李照一、李福查、李启富三位老人（60~80 多岁）说，盛宗太在同一时间内放给支卧村的高利贷，有谷子 20 多石，合 1 万斤左右，利率为 50%。他又从该村贫苦农民手中买去田 10 亩。他家除买过慕连土司 4 个村子外，至 1947 年，其孙盛兴恩（盛世彬之子）又从新衙门那郁胜手中买到汤德崮、甲塘二村，这两个村原是那靖保卖给那郁胜的。盛家自己还有 1 石 1 斗 5 升种的田，要农民出劳役耕种。这些人在大批买到土司的田地之前，虽然也从事地租剥削，但在较多的人中，商业与高利贷收入是主要的；自从买到土司的大批村庄之后，他们从土司手中不仅买到了田地，可以按照官租的原数进行剥削；而且买到了土司对于这些村子的特权；他们按照土司对于这些村子剥削的方式，向农民们索取各种各样的杂派，征派"白工"为他们种田地、砍木柴，做各种杂活等。这些对于农民的大宗盘剥，加速了这些地主的财力的大发展，对于领主制度的破坏也日益加剧。

（3）1934—1935 年"产权"斗争前后的土地关系

100 多年以来，本地农民一直负担着两种不同性质的剥削：一是以田主的身份，遭受着清政府或军阀的正税剥削——"皇粮""田赋"；一是以佃户的身份，向土司缴纳"官租""杂派"和服各种劳役。这两种负担已夺去农民全部收入的

---

① 现为万德乡马德平行政村的一个自然村。

绝大部分。

土地买卖以来，土司的规定是"管租管佃不管卖"，无论哪家买到田地，都要继续向土司缴纳官租。出租田地的人家收成之后，要在上缴官租之后才平分产品，佃农就遭受着土司与佃主双重剥削。

土司凭借着他的政治特权，规定他的田地是卖不断的。在他需要钱时，大量出卖或当出村庄；但当他经济好转时，再以强权赎回。如那靖保大批当卖的村庄，至那安和清时，除马德坪等三土舍买的村子外，其他地主买农民自买的各村，一律以强迫手段先后以低价赎回。在出卖时，1斗种约合银子2两，折合谷子2石；赎回时，只给七块花钱，折合谷子3斗5升，仅及原卖价的17.5%。从此，田地又归他收租。这种做法是对贫苦农民的公开劫夺，对于地主阶级也是一个极其沉重的带有毁灭性的打击。加上统治阶级对于劳动人民精神上与肉体上的奴役与虐杀，人民的生活处于极端悲惨的境地。因此，要求减轻剥削乃至摆脱土司的统治，成为近百年来人民斗争的重要目标。在争夺土地所有权上，地主阶级也是反土司的。

1934年夏，国民党县政府派人来慕连地区清丈田地时，土司宣布本地区产权完全属于他，农民全部是他的佃户，并以缴纳"耕地税"为借口，要增加官租，1斗加5升。这就激起了全区以农民为主体的并有地主参加的反土司斗争，这次斗争的焦点集中在"产权属于谁"这一问题上。

参加这次斗争的范围极广，几乎有土司（土舍）的地区都发生了骚动，马德坪、新衙门两地农民发生了武装暴动，杀了马德坪那家两口人、新衙门那家11口人（两家土司各剩1口人）。万德由于地主阶级篡夺了这次斗争的领导权，采取了和平控告的斗争方式，又由于国民党政府受土司之贿，抹杀了人民的正义要求，而将产权判归土司，农民仍为土司的佃户，并勒令农民出缴"耕地税"。可是从全县来看，这次斗争是胜利的，万德地区农民两年（1935年、1936年）不交官租和耕地税；从此再也不服劳役，不充当土司兵，不给土司种大份子田，不出杂派，一些贫苦农民连官租也不再缴纳。

至此，土司虽仍保有"田主"之名，由于各种特权几乎全部被取消，征收官租也很困难，每年所收不及1935年以前的二分之一。大份子田由司署的丫头、娃子和雇工耕种。到1949年，由于中共地下党在此地区的领导与农民协会的成立，土司最后的剥削——官租，被取消。

（4）解放前夕本地区的土地性质

根据土地占有的不同情况，本地区的田地可分为以下六种类型：

永佃田（地） 田面使用权归农民，所有权归土司的田地。耕种这种田地的农民，都要缴纳官租。永佃田（地）是本地区的基本农田（地），占全区田地耕种总面积的 90% 以上（精确数字无从查考）。土司每年收官租 400 多石（1935 年以前），永佃田可以买卖、抵押、典当或出租。

私庄田 土司有自营田 82.13 亩（大份子田 54.13 亩、秧田 28 亩），地 12.57 亩，共为 94.7 亩。全部由内四甲的农民出白工耕种、收割。1935 年以后，由司署的丫头、娃子和雇工耕种。年收入 120~130 石。

土司私租田（地） 农民欠土司官租或债务的，如交还不起，按利率 50%~100% 的复利计算。几年之后如仍还不起，田面使用权即为土司夺去。虽仍让原种田（地）户耕种，但收成后先扣缴官租，剩下的两家对分。至解放前夕，土司夺来的这种田（地）共有 100 多亩，每年可收租谷 50~60 石。

土司典当出卖田（地） 农民自买的，不缴官租，商人、地主典或买进的，收与原官租相等的田（地）租。

伙头田 外甲大村及几个村设有一个伙头，在村中有几丘伙头田，由伙头耕种，所得粮食作为伙头的薪俸及土司到村时的招待费用，不缴官租。这种田极少，如支卧村有田 3 石 3 斗 3 升，伙头田只有 3 "打"（0.75 升），产量为 5~6 斗谷子。也有些村子伙头田较多，有地的村伙头田 2 亩，有田的村伙头田 4 亩。

无租的干地 内四甲干地很少，主要种水田和山田，又要为土司服劳役，所以无租。这种干地共约 345 亩。外甲也有无租的干地，如罗纪戛村，只有干地 15~16 亩（无租），这个村子有 8 户人家专为土司抬轿，所以也免租（这是劳役地租）。

（三）各种剥削关系

这里农民所遭受的剥削，最主要的有三种，即土司的剥削、一般封建剥削与国民党政府的剥削。这几种剥削都是极其残酷的。

1. 土司的剥削

土司辖区各村共分为内四甲与外四甲，土司对内外各甲的剥削不相同，总的说来，内四甲"有租、有夫、无粮（田赋）、无杂派"，外四甲"有租、有粮、有杂派、无夫"。就土司的各种剥削及这些剥削在万宗铺村的表现情况作如下说明。

(1) 官租

官租的彝称为"促茫米烛"。"促茫"即官家之意;"米"是田地;"烛"即租。凡耕种永佃田地的,一律要缴纳官租。官租为"定额制",按照各户播种面积的大小收租。

官租的租额极不一致,多少也极为悬殊。外四甲比内四甲重得多。外四甲的水田区,如支卧、泥拉沟等村1斗种1石租。罗能乡五股水一带,1斗种1~1.5石。在干地区的官租也不一致,小牛扎村和别五杰村1斗种上三斗毛稗租,白马口乡哈那报格村,每斗种上高粱租1石;罗能村干地1斗种上4斗苞谷租。

同在一个村子,由于田地的好坏,官租数额往往也不相同。有的田虽少但由于曾多播种而定为高租,后来降不下来;也有因田好而被加上高租的。内四甲的官租较轻,山田1斗种缴1斗官租,万德与万宗铺的水田要缴双租,即1斗种缴2斗官租,其中1斗为水租,因土司把万德坝塘、万宗铺坝塘、长坝塘等据为私有,万德与万宗铺的水田即使不用坝塘水的,也要交双租。

永佃田地总数和官租总数较难查明。根据我们的调查,1935年反土司斗争时,盛士彬等控告土司年收官租600多石,那安和清声辩时说"只有300石"。土改时,在处理土司的财产时,农民协会主席团曾作过调查与推算,认为400多石是比较可靠的。据曾在土司署做过管家的盛庆恩(古亨坡,汉人,中农)说,1935年以前,土司每年收入官租400多石。可见400多石这个数字是接近实际的。

在1948年之前,本村共有水田81.25亩,每年应缴官租3.5石;山田130.2亩,每年应缴官租2.87石,合计全村每年共缴纳官租6.37石,占本村农业总产量的1.89%。共有干地99.2亩,不缴官租。

(2) 劳役

这里的人称为土司服劳役为"出白工",因为在出白工期间,土司家一天只管两顿饭,这两顿饭是苞谷粗饭、豆瓣汤,做得又不很熟,农民都不敢吃饱,吃饱了肚子就又胀又泻。无论出多少工,一点工钱也没有。外四甲也有"白工"。就全面看来,由于这些村庄距离万德较远,征派不便,所以很少。他们每年被征派的"白工",每户平均有8~10个,不管人口多少,挨户摊派,负责派白工的头人叫"楚司"。白工干的事情很多很杂,如为土司家盖房子、抬轿子、抬滑杆、背行李、抱娃娃、砍白柴、背松毛、抬死人等,土司家过年过节、婚丧嫁娶都要用人,农民随叫随到。

外四甲有5个村子是专供土司役使的"奴仆村",他们的劳役负担就特别重。

支卧村:都是甘彝,约自1900年开始,即成为土司的"奴仆村",每年要有6

个月的时间为土司家舂米。每 6 天为一期，每期 6 户出 6 人，6 人一天要舂米 1 石，舂米用的是脚碓。这是一项极繁重、劳动强度极高的工作。每年每户要出工 10 期，共约 60 天。合计支卧全村每年要为土司舂米而出的工为 30 期，共舂米 180 石。

在火把节（农历六月二十四日）或土司家有婚丧的时候，该村要派三人服役，带上高尖帽（和竹制热水瓶套相似），穿上宽大的红裙子，二人吹唢呐（彝称"里喇"，即小喇叭），一人耍五哨鞭打场子，和持仪仗的人组成皂隶。

据古亨铺（汉族村）和支卧两村的老人说，从前支卧吹唢呐时，只穿平时穿的衣服，戴高尖帽，亦不要五哨鞭。戴高尖帽、穿大红裙子作为站班，耍五哨鞭等由古亨铺村汉人担任。在清代，这种差事被视为卑贱人所为，一般人都看不起，本人及子孙即使念过书，也不准进考场求功名。在 1900 年前后，全村凑了 28 两银子，出卖这个差事。司署的马司将这些银子贪污了，而将这一差事转嫁到支卧村甘彝头上。

泥拉沟村：亦是甘彝聚居村。为土司舂米，有 100 多年的历史了。起初舂米的任务全由该村负担，后来与支卧分担，每年舂米 6 个月，情况与支卧相同。

罗纪戛村：是傈僳族聚居村，共 8 户，常为土司家的人出远门时抬轿。该村共有地 15~16 亩，表面上不缴官租，实际上官租已变成"劳役"。

甲腊沟、万宗铺：在土司家死人时，每村派出一人守灵堂。

内四甲的劳役负担的繁重性是普遍的，也是经常的，最主要的工作就是为土司种私庄田（82 亩 1 分）。每年农民要按照节令在"楚司"或其他头人的指挥下，带着自己的耕作工具，到私庄田中犁、耙、撒种、栽秧、薅秧、修埂、收割、打场，直到谷子入仓、谷草还家后才完结。此外还要为土司家做各种杂役，如砍白柴，每户一年一节（即 5 尺长、2 公尺高、1 公尺宽，约 1000 斤），还要砍松枝、背松毛、背行李、抱娃娃等，与外四甲的杂役差不多。每户有 1~3 人的，每年要出白工 20~30 个。每户有 5 人以上的，要出白工 60~70 个，平均每户每年要出白工 70 个。本村如按 40 户计算，每年要出白工 2800 个。土司的田地是该区最好的田地，产量每亩平均约 400 斤。

如一律按水田计算，每个工的所得量应为 10.5 斤。那么土司每年对本村的劳役剥削合谷子 29400 斤。内四甲的官租所以轻，是由于土司在劳役上加重了对于他们的剥削，对于内四甲来说，地租形态是"实物""劳役"并行的。

（3）小租和佃谷

这是作为司署大小头人的薪俸而加到人民头上的负担，在清代，土司征收官租时，外四甲设有若干佃长，管理佃民，征收官租杂派。这些佃长都由司署的大小头人兼任，土司根据他们任职大小，指定大小不同、数目不等的村庄，分别由他们负责。在征收官租的同时，征收佃谷，作为佃长的薪俸。佃谷的数量各村也不完全一致，有高有低，一般是1斗种要交2斗佃谷，约为官租的20%。

负责征收内四甲官租的是司署中的大小管家，他们的薪俸就由内四甲各村负担，叫作小租，每户每年1升（4斤谷子），随官租同时征收。本村40户人家，每年共出小租3.12斗，合128斤（无田者不交）。

1911年辛亥革命后，土司取消了佃长制，由24甲直接管理农民，并负责进行剥削。但佃谷并未取消，直接入土司之手。司署内的大小头人，由土司另给小量薪俸。马司、大管家、教练、总管山等，其薪俸由土司定额给予。佃谷与小租的实质相同，都是额外剥削。

（4）强制性的不等价交换

那安和清当权时，为了改变土司家日益衰落的状况，就在每年三大节日（火把节、七月半、过年）之前，向各村农民强派酒盐巴，内四甲、外四甲都有，每户每样各1斤。至秋后，每斤盐巴或每斤酒索价5升谷子，其价格约超过市价的4倍，即每斤酒或盐巴要剥削16.4斤谷子，每年每户要剥削98.4斤。本村全年在这一方面要被剥削合3936斤谷子。

（5）债利

土司家也放高利贷，农民所欠的官租、杂派也会变成高利贷，利率为50%~100%。本村农民过去遭受这方面的剥削也很重，1935年以后渐少，至1948年，只有凤宗周一户，借土司5斗谷子合205斤，利率为50%，合谷子102.5斤。

关于其他的杂派负担如加二谷、马料谷、火塘租、新鸡、新麻、新酒、新米等，外四甲村村都有，内四甲没有。

以上各种剥削，在1935年以前是一直存在着的。反土司斗争之后，除官租、高利贷、小租三项外，一切夫役、杂派，人民完全拒绝负担。贫苦或有些觉悟的农民，对于官租、小租也不经常缴纳。直到1949年春，各种剥削被完全废除。

1935年后，土司的私庄田由司署内的丫头、娃子和长工耕种，农忙时也雇零工。司署的长工没有工资，有的是因欠债被迫来做工还债的，也有的是失掉了全部生产资料、生活无着落的人来帮工换饭吃的。零工的工资已比民间的低，一个工只得半升谷子（民间的多为1升，有的1升半，少有半升的）。这些零工多是万德和下村的农民。

1935年后，也偶有劳役。如1941年为土司家抬大石碑，本村就出工20多个，干了 3 天，无报酬。但这是非常偶然的事例，基本上已完全取消。

1948 年土司在本村还有三项剥削：官租、小租和债利。这年本村共收得农产品合谷子 138174.5 斤，而以上三项剥削共合谷子 2743.6 斤，占本村农业总产量的 1.99%。如从各阶层的负担来看，地主 2 户，有田地 41.15 亩，产量合谷子 16731 斤，手工业、商业、高利贷收入合谷子 7708 斤，其总收入为 24439 斤，土司负担 483 斤，占其总收入的 1.98%。富农 3 户有田地 58.2 亩，产量合谷子 23870 斤，手工业、商业收入合谷子 25010 斤，其总收入为 48880 斤，土司负担 290.8 斤，占其总收入的 0.59%。上中农 5 户，有田地 66.6 亩，产量合谷子 27095 斤，手工业、商业、高利贷收入合谷子 1711.75 斤，其总收入为 28806.75 斤，土司负担 663.7 斤，占其总收入的 2.30%。下中农 2 户，有田地 17.2 亩，产量合谷子 6430 斤，手工业、商业收入合谷子 3280 斤，其总收入为 9710 斤，土司负担 131 斤，占其总收入的 1.35%。贫农 25 户，有田地 100.4 亩，产量合谷子 36938.5 斤，手工业、商业收入合谷子 3895 斤，其总收入为 40833.5 斤，土司负担 1007.1 斤，占其总收入的 2.47%。小手工业者、小商人 3 户，有田地 27.1 亩，产量合谷子 7922 斤，手工业、商业收入合谷子 11480 斤，其总收入为 19402 斤，土司负担 168 斤，占其总收入的 0.87%。

从以上的情况可以看出，土司在本村中的剥削，贫农负担了其中的 36.7%，下中农负担了 4.8%，上中农负担了 24.2%，小手工业者、小商人负担了 6.1%，富农负担了 10.6%，地主负担了 17.6%。各阶层负担如按占其收入的比例来看，贫农负担已超过了地主负担比例的 208.5%，超过了富农负担比例的 346%。

2. 一般的封建剥削

由于地主经济的发展，生产资料占有的不平衡，阶级分化极为显著。由此而产生的各种剥削关系，也错综复杂地存在于各个阶级（阶层）之间与各个阶层内部。

（1）租佃关系

租佃关系在本地区极为普遍，除土司和一般的富有阶层之外，在农民之间也存在着租佃关系。这种关系不仅在村内存在，村与村之间也有这种关系。有的是直接租佃的，有的是由抵押典当关系转变而成为的租佃关系。

本村租种田地的 16 户占全村总户数的 40%，共租入田地 90.95 亩，占本村全部耕种面积的 25.43%，产量共为 33654 斤，占本村全部农业收入的 24.36%。其中，贫农 13 户，租入田地 71.95 亩，产量 25894 斤，租额 13465 斤；下中农 1 户，租入田地 8 亩，产量

3890斤，租额1945斤；小商人1户，租入田地3亩，产量1230斤，租额615斤。其中租自本村的田地22.45亩，产量8920斤，租额4460斤；租自外村的田地68.5亩，产量24734斤，租额12795斤。

本村出租田地的11户占全村总户数的27.1%，共出租田地48.5亩，占全村全部耕种面积的13.75%，产量为15886斤，占本村全部农业收入的11.5%。其中贫农出租田地8亩，产量为2460斤，租额1230斤；下中农出租田地1亩，产量为600斤，租额300斤；上中农出租田地9亩，产量为3630斤，租额1815斤；富农出租田地11.2亩，产量为2790斤，租额1395斤；地主出租田地13.25亩，产量为4766斤，租额2383斤；小商人出租田地6亩，产量为1640斤，租额820斤。其中出租给本村的共22.45亩，产量8920斤，租额4460斤；出租给外村的共26亩，产量6966斤，租额3483斤。

租额分为"定租制"与"分租制"2种。在本村中定租制只有1户，即贫农凤东堂租种万德地主安建勋（那安和清之弟）之田3.4亩，最高产量为3.5石，合为1435斤，租额为2石谷子（820斤），占产量的57%以上。如就一般产量来看，租额在70%左右。绝大多数为分租制，即将产品扣除官租后，双方平分。

（2）雇佣关系

本村共有贫农、下中农27户，共有男女劳动力77人，这就为雇佣关系提供了极为方便的条件。本村在1948年共雇入长工两个，雇主为地主，一个雇自本村，一个雇自外村。共雇出长工两个，受雇者为贫农，一个雇给本村地主，一个雇给外村地主。1948年本村贫农雇出一个童工，雇给本村上中农。零工的雇佣关系更广泛。1948年全村共雇入零工869个，其中贫农雇入54个，下中农雇入45个，上中农雇入240个，富农雇入300个，地主雇入180个，小手工业者及小商人雇入50个。本村共出卖零工955个，贫农出卖零工875个，占全部零工的91.62%，下中农出卖零工80个，占全部零工的8.38%。

雇工待遇很低，长工的工资1年为1石谷子（410斤），此外尚有一套棉布衣服、一顶帽子、一双布鞋。这些待遇约合谷子150斤。受雇期间一天管两顿饭，合谷子400斤，如以一个正常劳动力每年的耕作限度为7.5亩（都折合稻田），稻田每亩产量约为400斤，3.5亩共可得谷子1400斤，蚕豆每亩可产324斤，4亩共产1296斤，合谷子1074.73斤，共合谷子2474.73斤。扣除生产成本（约合谷子381.7斤）及衣食工资（960斤）共合谷子1341.7斤外，每年要被剥削合谷子1133.03斤。

童工为雇主放牛，年工资1~6斗不等，视童工本人年龄的大小与劳动能力而定。

也有给一套衣服的。每个童工每年平均被剥削的价值约相当于一个成年长工的三分之一,即约为377.678斤。

零工的剥削量也极重。根据我们的调查,一个正常的劳动力一天可能创造的价值约合谷子10.5斤,如从中减去伙食合谷子1斤、工资合谷子4斤外,每个工要被剥削合谷子5.5斤。

据统计,本村1948年贫农因受雇而受到的剥削合谷子6297.9斤,下中农因受雇而受到的剥削约合谷子400斤。地主剥削雇工共合谷子2548.2斤,富农剥削雇工共合谷子1650斤,上中农剥削雇工共合谷子1474.7斤。

(3)借贷关系

本村的借贷关系也很普遍,有实物(粮食)借贷和货币借贷两种,利率为50%~100%,借期都以年为单位。本村1948年发生借贷关系的共有22户,占全村总户数的55%,投入借贷关系中的财物共合谷子9079.5斤,利息合谷子4539.72斤。其中借出共4户,借出财物合谷子1619.5斤,利息合谷子809.75斤。借入共18户,借入财物合谷子7849.5斤,利息合谷子3924.75斤。

地主借出1476斤,占全部借出财物的91.1%,利息738斤。上中农借出143.5斤,占全部借出财物的8.9%,利息为71.8斤,都借给本村。贫农自本村借入389.5斤,利息为194.8斤,自外村借入3416斤,利息为1708斤,合计共借入3805.5斤,占全部借入财物的48.48%,利息为1902.75斤。下中农借入287斤,占全部借入财物的3.66%,利息143.5斤。上中农借入820斤,占10.4%,利息410斤。小手工业者小商人借入2937斤,占37.4%,利息1468.5斤。以上三个阶层借自外村。

(4)牛租

1948年本村有牛户共16家,依靠租牛犁田。这里的牛租不是以实物或货币偿付,而是以人工换牛工。表面看是互助关系,其实质是剥削关系。如牛主带工具一架牛工(即1个牛工)换3个人工,如不带工具则换两个人工。本村牛主都不带工具,只换两个人工。据我们的计算,一架牛工的剥削量合谷子9.1斤。1948年本村贫农共租入牛工133个,换出人工266个,被剥削量为1210.3斤;小手工业者租入牛工9个,换出人工18个,被剥削量为81.9斤。出租牛的有贫农29架,换人工58个,剥削量为263.9斤;上中农出租牛75架,换入人工50个,剥削量为682.5斤;富农出租牛55架,换入人工110个,剥削量为500.5斤;地主出租牛29架,换入人工58个,剥削量为263.9斤。

耕牛的出租、租入,多发生在本村内部,但主雇双方并不固定,往往插空使用,一户农民也许租入几户的耕牛,也许今天租这家的,明天又租另一家的。

以上四项剥削,本村农民共付出地租17255斤,受雇被剥削合谷子6697.7斤,付出债利合谷子3924.75斤,因牛租而受剥削合谷子1292.2斤,共计29169.65斤。如扣除因受雇与牛租所受的劳动剥削不计外,尚被剥削实物合谷子27877.45斤,占农业总收入的20.18%。

3. 国民党政府的剥削

国民党政府对于这一地区人民的剥削,从1935年正式开始。起初还算正规。至全面抗日战争时,苛捐杂派有增无减,至解放战争时期,更为严重。月月要税,天天索捐,名目繁多,花样百出。农民只知"政府"要钱要粮,已难记得税捐的名目。今就国民党政府的主要捐税的征收情况,分别记述如下。

(1) 耕地税

即田赋,由田地的主人缴纳。在清代,慕连土司辖区的农户,都要按照田地的多少缴纳"皇粮",由土司代收,缴归清政府。土司在对内四甲进行繁重的劳役剥削的过程中,为了缓和与人民群众之间的矛盾,先后将"皇粮"转嫁到外四甲的各村农民头上,就出现了"内四甲有租无粮,外四甲有粮有租"的现象。其实内四甲的"粮"已由外四甲各村分担了。据老人说,外四甲本来1斗种有"四斗租,四斗粮",在光绪三十四年前后,租粮合一,统称"官租",共为8斗,实际上他们的官租负担为8斗~1.5石,所以比原规定的多,可能内四甲的"皇粮"转嫁是原因之一。

清政府被推翻之后,"皇粮"并未废除。至1934年,国民党政府来清丈田地之后,又增加了"耕地税"(与清代之皇粮性质相同)。土司应将他所征收的官租中的"皇粮"部分作为"耕地税"上缴,可是国民党政府的官员因受土司之贿,在"产权斗争"时,他们将"产权"拨归土司,官租照旧(包括皇粮在内),却又将"耕地税"强加在人民头上。只有94.7亩私庄田才由土司上耕地税。

耕地税根据土质好坏、水利条件及产量多少将田地以亩为单位分为三等九则,各等各则以当时的通用货币(法币)的数量来表示缴纳的多与少。(参见表13)

表13 三等九则田地耕地税统计

上等上则	1.2元	上等中则	0.9元	上等下则	0.8元
中等上则	0.7元	中等中则	0.6元	中等下则	0.4元
下等上则	0.3元	下等中则	0.2元	下等下则	0.1元

这种标价可能是国民党政府原来预定的征收数额，可是由于货币的不稳定与国民党政府的贪多无厌，在刚刚公布之后，即已成为实际征收的等级符号了。到了解放战争时期，国民党已到穷途末路之时，就完全抛弃了原定规格，任意搜刮起来。

根据我们对本村的调查，1948年国民党征收耕地税时，已不分等则了，每亩田地不分肥瘠一律缴纳大米45斤，合谷子62.5斤（以下都折成谷子计算）。本村共有田地310.65亩，共缴纳谷子19271.07斤。贫农25户，田地100.4亩，负担6317.5斤；下中农2户，田地17.2亩，负担1138.1斤；上中农5户，田地66.6亩，负担4162.5斤；富农3户，田地58.2亩，负担3637.5斤；地主2户，田地41.15亩，负担2671.87斤；小手工业者小商人3户，田地27.1亩，负担1343.75斤。

这种不分田地好坏、不管产量多少、画码一律的做法，对于占有大量好田的地富阶级（层）是有利的。因为他们负担中的一部分已转嫁到农民头上了。

（2）附加税

即县级"公"粮，随耕地税一起征收，每亩田地一律征收25斤谷子。本村共缴纳7655.95斤。

（3）征购

这是国民党反动派以征购为幌子，向人民进行公开抢劫的做法，大约开始于1944年。定价比市面低得多，征去之后有时一两年不还钱，等发下钱时，由于通货膨胀，被购去几石的钱，已买不回一两升了。

1948年本村被强迫征购去的谷子有贫农2户200斤，下中农1户100斤，上中农2户350斤，富农2户800斤，地主1户300斤，合计1750斤。

（4）烟、酒、屠宰税

每年派一次，不分行业，不分贫富，也不分有无牛猪，一律按户摆派。1948年本村每户出此项负担为谷子65.6斤，全村共出2689.6斤。

（5）门户钱

其中包括乡保经费、招待费、送壮丁费等。各种杂派，当时共分为三等门户，头等门户负担为4斗（每斗米72斤，合谷子100斤），合谷子400斤，二等门户负担3斗米，合谷子300斤，三等门户为1.5斗米，合谷子150斤。本村共有头等门户21户，二等门户4户，三等门户14户，共出谷子11700斤（张洪才因兄当兵，免出门户钱）。

国民党政府对于人民的剥削是极繁重的，名目也极多。如仅耕地税一项，要人民自己负责运到武定，每送一次，往返至少需8天，这不仅仅是经济的劫夺，也是劳役的剥削。

以上五项剥削，本村共付出耕地税合谷子19271.07斤，附加税7655.95斤，征购1750斤，烟、酒、屠宰税2689.6斤，门户钱11700斤，共计43066.62斤，约占本村农业总收入的31.2%。

本村1948年的农业总收入为谷子138174.5斤，土司剥削为2743.6斤，占总收入的1.99%，一般的封建剥削为27877.45斤（雇工与牛租除外），占总收入的20.18%；国民党反动派剥削为43066.62斤，占总收入的31.17%。合计三种剥削共占去本村农业总收入的53.33%。

任何一项剥削对于人民来说都是极其残酷的。但如果我们从社会性质这一角度考察，可以发现一个问题：土司剥削比封建地主经济性质的剥削，就其数量来说，要轻得多。后者如连雇工和牛租剥削计算在内的话，其数量为前者的10.7倍，同时土司的剥削中也已杂有了地主经济的剥削成分在内。因此，这里在解放之前基本上是地主经济，领主经济已成为残余，这样认识是完全有根据的。

4. 产品再分配的结果

本村1948年实际总收入合谷子204795斤，每人平均可分得1211.54斤，这样每个家庭每个人的生活都是相当富裕的。即使在付出土司、国民党政府及外村地、富等对于本村的各项剥削后，本村仍可剩谷子142417.28斤，每人平均可分得852.8斤，生活仍可温饱；但由于生产资料占有的不平衡，富有者阶层凭借着各自优厚的生产手段，通过各种剥削关系进行产品再分配，产品的占有也就出现了极大的不平衡。

地主每人实得1676.13斤，为自然平均数的154.25%。

富农每人实得2267.76斤，为自然平均数的208.7%。

上中农每人实得1012.93斤，为自然平均数的93.2%。

下中农每人实得843.3斤，为自然平均数的77.6%。

贫农每人实得385.2斤，为自然平均数的35.45%。

小手工业者、小商人每人实得956.9斤，为自然平均数的88.1%。

根据以上调查与分析，可以看出由于生产资料占有的不平衡，贫苦农民又在土司、地富阶层（级）及国民党政府三层繁重剥削下，维持最低限度的生活与单纯的再生产已非常困难了。所以数十年来，人民反抗各种剥削与压迫的斗争，一直时隐时现地存在着。当1949年春地下党在这一地区活动时，本村有觉悟的农民即参加了为民主自由而斗争的解放战争。

三、慕连土司政治史迹补正

彝族慕连土司为明代云南省武定军民府土官知府凤氏之后裔。凤氏家属在明朝后期，屡有叛事。武定府被改土归流后，凤氏族人或死或逃。[①] 天顺时，土知府矣本之曾孙，亦即弘治、正德时，土知府凤英之弟、凤阿改之孙，名凤拔者，自武定旧城（今县城东）北逃，潜居金沙江东南之大黑山中，后被任为土舍，守元谋、武定、禄劝境内一段金沙江口。至其子凤者峨袭职，讳姓凤氏，改姓"那（nuó 挪）氏"，从此有"那土司"之名及其史事。此段历史约在万历十八年（1590年）以前。此后那氏屡蒙封赏，其权势亦渐大，就以各种名义扩大其统治范围，最后竟使其疆域从今之武定县的中北部扩大到武定北门桥。武定地区几乎全部纳入那氏的统治之下，统治时间长达370余年，至1950年才彻底结束。

慕连土司辖区属于高寒山区，山深林密，交通不便，居民以彝族[②]为主，另有傈僳、苗、瑶、傣和汉族。清朝中期以前，外界对这里知之极少，因之一般文献中的直接史料并无记载，明、清乃至民国时期的省、府、州、县志对这里的记载也几乎是相互抄袭。1958年12月9日，我受云南省民族调查组之命，率"武定禄劝彝族调查组"十人进入原慕连土司区，驻原那氏土署所在地万德镇旁的山村万宗铺，调查时间两个多月，调查组成员以改造思想为主。写出报告《武定县万德区万宗铺村彝族社会历史调查》，[③] 收入国家民委《民族问题五种丛书》之一《中国少数民族社会历史调查资料丛刊》，公开出版。此报告虽名为"万家铺村调查"，但我们有学习研究历史的背景，长于此方面的工作，实际是对慕连土司区的社会历史较全面的调查，"万宗铺村调查"只是取样调查之一。此报告的写作，重点在于"封建领主土地所有制及其破坏"，社会生产力、手工业、商业也有不少；对于政治史事虽有论述，但未深入，手中有些资料也未能纳入报告中。1983年3月，我二下万德，主要是对我所长期思考、研究的某些问题或资料进行一次复核，亦颇有收获。这里发表的部分因是对已知史料的补充与订正，故以《补正》为题。

---

① （清）檀萃：《农部琐录》卷11，《土司志·武定凤氏本末纪》，今有何耀华《武定凤氏本末笺证》本通行。
② 彝分黑彝、甘彝，是不同支系之称，与四川大凉山之黑彝、白彝不同，名称不反映阶级关系。
③ 此报告的解放前部分，1963年由云南省民族调查组内部铅印，后收入《云南彝族社会历史调查》，于1986年由云南人民出版社出版。

(一) 慕连土司世系表

表14　慕连土司世系表
(1573—1950)
(一)……世代　①……土司位次

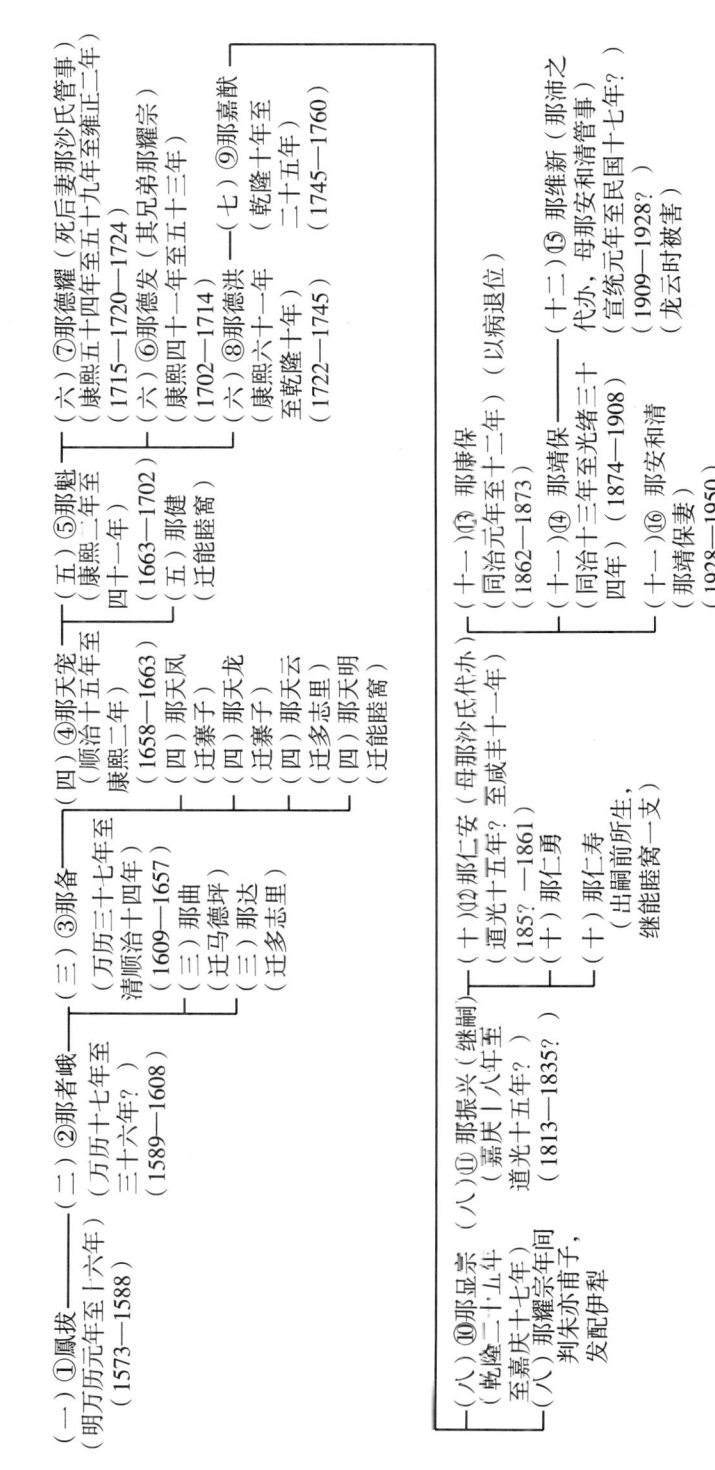

（二）慕连土司那氏世系谱

1958年12月我组进点不久，我即排出了一张"那土司世系表"，供组员调查断代时参考，其根据是初步调查所得资料和收集到的一些碑刻、匾额、楹联上的题名、年代等。此表后来做了一些校订，又增补了那氏祖辈在宋元明三朝六七百年间的二十余代，题名《那氏土司世系及其家臣》，收入调查报告中。由楚雄彝族文化研究所编、中央民族学院出版社于1993年出版的《清代武定彝族那氏土司档案史料校编》一书，收入该"世系表"时，个别地方略有订正。今天看来，此表仍有不少缺陷：一是在位土司不全；二是各土司的在位时间或生卒年月缺少；三是每代土司的亲属不明。这些问题对于研究如入五里雾中之民族地区的历史十分重要，对于研究慕连土司区的历史更为重要。因此，本部分以"世谱"为题，对那氏土司的世系，各土司的职位名称、承袭状况、直系亲属、生卒或在位年月等，重新考证，力求各史事能够准确清楚，以有助于对这一地区重大史事研究的年代断限。为此，"世谱"以外或与"世谱"关系不大的史事虽很重要，本"世谱"仍不予载录，以求删繁就简，一目了然。（参看表14）

以下介绍那氏土司世系和职位：

1. 鳳拔

那氏土司的祖先姓鳳氏。其远祖约可追溯到中原的战国时期。长期实行父子联名制。[①]至明前期，犹如此。至明中期，阿英袭武定土官知府时，于"弘治三年（1490年）内，奉例赐姓鳳氏"[②]，从此以鳳氏为姓。阿英改称鳳英，亦称鳳阿英。阿英之弟阿改称鳳阿改。阿改生男阿他，阿他生鳳拔。阿他在武定府改土归流的事件中，北逃至大黑山。万历元年（1573年），姚安彝族首领罗思等反叛，明朝名臣邹应龙以兵部侍郎兼右佥都御史巡抚云南，与黔国公沐昌祚"发土、汉兵讨之，破向宁、鲊摩等十余寨，犁其巢，尽得思等"[③]。大约在这段时间中，他起用了鳳拔，命他守卫金沙江在武定境内的渡口。清道光元年

---

① 见张廷献、张大本译彝文禄劝《常氏家谱》，谓是鳳氏改土归流后，逃入禄劝县的一支，改姓常氏。自远古至（清）乾隆二十年（1755年），传69代。又李天贵等译彝文摩崖《罗婺盛世铭》，记南宋孝宗时之阿峨（阿而）至明嘉靖时之益振（矣折，即鳳诏），传14代。（见《镌字崖彝文摩崖释译》）
② 鳳英撰：《武定军民府土官知府鳳□世袭脚色》。笔者手录原文，亦见方国瑜：《云南史料目录概说》第三册，第1194页，北京：中华书局，1984年。
③ 《明史》卷126，《沐英传》附《沐昂传》。

（1821年）五月，慕连土司那振兴上报朝廷之《那氏家谱履历》说：凤氏之祖先"于大明洪武十六年（1383年）授武定军民府土官知府。……至阿英，于弘治三年（1490年）内奉恩例赐姓凤氏。……隆庆元年（1567三），因凤继祖争官仇杀，改土归流。蒙抚院邹　以德拔曾祖凤拔改（即凤拔），立和曲州土舍，用服土人把守境内金江要隘"①。土舍的职位不高，属于吏目，不入流。可是已不再待罪山林，而是一家小土司了。过了几年，为了统治的方便，这家土司迁出大黑山，至梁子麻栗树，麻栗树地区彝名"慕连法古"，"慕连"可能是"麻栗"的音转，此地在今自乌村附近。此家土司从此有"慕连土司"之名。

凤拔是第一代慕连土司。他虽尚未改姓那氏，但说他是那氏的"一世祖"还是可以的。他受命的时间约在万历元年，其传位或去世的时间是在万历十八年（1590年）以前。他大约只生有一个儿子，名凤者峨。

2. 那者峨

那者峨本名凤者峨，承袭土舍的职位后，改姓那氏，他是第二代慕连土司。他虽是第一代那氏，但结合其土司职位的考虑，应作为那氏的"二世祖"。他初袭土舍，后升为"土官"。《那氏家谱履历》说："传祖者峨，至万历十八年（1590年），蒙黔国公稽核土司祖职，嘉其忠顺，题授和曲州土官。至万历三十五年（1607年），因郑举作叛，峨收奇功，蒙按院周、监军道康，题奉勘合奖励。"者峨的袭位时间应在万历十八年以前。万历十八年，嘉奖他的黔国公仍是沐昌祚，所提升的"和曲州土官"品位不明，很可能是比土舍的声名高一些的虚衔。可是至万历三十五年（1607年），者峨在平定凤阿克和郑举的叛乱中立有大功，受到了按察使周懋的举荐，荣膺嘉励。②

者峨大约是在承袭父职时改姓那氏的。(明)永历十年修(那氏)《世袭宗枝谱图册》载："先是土官知府凤阿英弟凤阿改，生男阿他，阿他生凤拔，拔生凤者峨，者峨讳凤，姓那。"又载凤氏"奉旨改土归流，自后未复府职。有父凤者峨，系知府凤诏亲侄，由此隐居锁折，讳（凤）姓那"③。锁折，甸名，亦作所折甸，大黑山属之。由此看

---

① 楚雄彝族文化研究所编：《清代武定彝族那氏土司档案史料校编》，第139页，北京：中央民族学院出版社，1993年。
② 事见《明史》卷314，《云南土司传·武定》。
③ 转引自马学良：《倮文（作斋经）译注》，注4。《国立中央研究院历史语言研究所集刊》外编第3种《六同别录》（下），1946年1月。

来,者峨是讳凤易那之人,大约无问题。又据(清)乾隆四年(1739年)李鸿业撰《那德洪神道碑》载:"万历间,公之曾祖以功授和曲十马掌(长)官司,易姓那。"①此段碑文中间一句有误,即"曾祖"应作"高祖",其他均是对的。有人说者峨之子那备为始姓那者,不符合事实。

那者峨有子三人,长曰那备,次曰那曲,三曰那达。那备承袭父职,那达迁多志里,那曲可能迁马德坪。②那备袭职的时间应在崇祯十七年(1644年)以前。

3. 那备

那备是第三代慕连土司,也是那氏的"三世祖"。初袭"和曲州土官",后以功荣授"十马长官司"长官。关于这段历史,有如下四条主要资料可证。一是《那建中神道碑》:"公建中,字正德。自祖辈以来,世居茂(慕)连,管理四甸。与大、二高祖讳备、曲分居。大高祖承袭土职,高祖等分授之。"四甸就是临近金沙江的锁折甸、撒争甸和稍南的缺章甸(上十三村)、小环甸(下十三村)。那曲分授地区在锁折甸之马德坪一带,那达分授地区在缺章甸与撒争甸之间的能睦窝(汉名新衙门)与多志里一带。所谓"高祖",极言其辈分之高,无更适当的称谓。实际情况是那达为那建中的曾祖那世哲之曾祖。二是《那德洪神道碑》:"公之曾祖以功授和曲十马掌(长)官司。"三是那氏《世袭宗枝谱图册》:"(那)备于崇祯十六年奉文提调十马。"四是《那氏家谱履历》:"崇祯十七年,元谋吾必奎叛,(那备)奉调征剿,生擒吾必奎于红布所。本年沙定洲叛,滇城失陷。奉令擒沙贼。李一中恢复武定城池,后复擒必奎子吾安世、奎孙吾继宗全家于矣赤。即蒙黔国公叙功,题请授和曲州十马土官。""十马土官"就是"十马长官司长官",为正六品。按照规定,其下有副长官一人,从七品;其属,吏目一人,未入流。③那备之弟那曲、那达即以吏目分管地方,民众称之为"土舍"。文献中有"和曲十马"之说。如明武定府同知邓世彦《武定府改土归流议二十事》即说:"惟禄劝二十七马,和曲十马属之。"④甸与马意义相同,皆为区以下的民族聚居区的行政单位。通常是禄劝用"马",和曲用"甸"。"和曲十马"即在上述"四甸"(锁折甸、撒争甸、缺章甸、小环甸)之外,增加勒品甸、他郎甸、大环州甸、者昌甸、奴末甸、插甸。十甸的

---

① 见本部分第六节之"兰启裔群墓神道碑"。
② (清)道光二十八年《那建中神道碑》,笔者手录原文。
③ 《明史》卷76《职官》五《土官·长官司》。
④ 康熙《武定府志》卷4下,《艺文·志》。邓世彦在《武定府改土设流议二十事》中,将马与甸混用。

范围已包括了今武定县的 90% 以上的土地。这是凤氏在改土归流七十年以后的一支余脉再次隆盛的时期。

上引资料对那备的袭职、提升、品级等情况的记述都很清楚，只是其提升时间尚有问题。说其时间在崇祯十六年或十七年，都不正确。《明史》卷 270《龙在田传》："乙酉八月，吾必奎叛。黔国公沐天波檄在田及宁州土知州禄永命协讨，击擒之。未几，沙定洲作乱。"卷 279《杨畏知传》："乙酉秋，武定土官吾必奎反，……必奎伏诛，而阿迷土官沙定洲继乱，据云南，黔国公沐天波走楚雄。"后又走永昌（今保山）。乙酉是崇祯十七年（甲申）后一年，即清顺治二年。黔国公"叙功"题请授那备为"和曲十马长官司"长官，其时间还要在叛乱基本平定、沐天波回到昆明之后，即为顺治三年（1646 年）。《明史》中有多处说："崇祯中，元谋土知州吾必奎叛。"①事实是崇祯帝死后一年，吾必奎才反叛的。又吾必奎从未任土知州，而是土守备。②

《那氏家谱履历》谓那备为"一世祖"，那备或其子那天宠为此一支系复兴之人。有人说因那备为始改"凤氏"为"那氏"的人，故称为"那氏"的"一世祖"。我认为此说不准确，因始改"凤"为"那"者，是那备之父那者峨，而不是那备，情况已如上述。

那备大约死于清顺治十四年（南明永历十一年，1657 年）前后。他的儿子"那天宠由生员袭父职"③。那德洪说："曾祖（那）备"，"祖（那）天宠"。④《那德洪神道碑》亦说："公之祖称俱以府庠生袭土职。"这些说法都是可信的。

4. 那天宠

那天宠是第四代慕连土司，约于清顺治十四年前后袭父职。在顺治十六年（1659 年）清兵入滇时，那天宠降清。关于他此后的职位，《那氏家谱履历》说："顺治十六年，本朝王师临滇，首先投诚，缴投印札。奉令谕：照旧管事、听候题叙，颁给印札。"光绪《云南通志》载："顺治初，那天宠投诚，授暮（慕）连乡土舍。"⑤《清史稿》载："顺治十六年授那天宠暮连乡土目。"⑥这三种说法不仅不一致，而

---

① 《明史》卷 313，《云南土司传·武定》。
② 《云南志钞·土司志下·武定直隶州》。
③ 《那氏家谱履历》，《清代武定彝族那氏土司档案史料校编》第 139 页。
④ 《超免入监事》，《清代武定彝族那氏土司档案史料校编》第 6 页。
⑤ 光绪《云南通志》卷 146，《秩官志》七之六《土司》六《武定直隶州·暮连乡土舍》。
⑥ 《清史稿》卷 117，《职官四·土司各官·云南土知府》。

且不准确。那天宠之孙那德洪是这样说的:"祖父住居慕连,历经数代,而境内汉、彝杂处,盗贼扰攘,钱粮逋欠甚多,因而设立土舍,督以地方钱粮事务。"①又说:"自本朝定鼎以来,祖与父原无土司职衔,并未承袭,不过照土舍管事,催为钱粮而已。"②由此看来,那氏自向清朝"缴投印札"之后,朝廷并未恢复那氏的"十马长官司"头衔,只是照以"土舍"之例为官府办事而已。

那天宠死于康熙二年(1663年)。有二子一女,长子那魁袭父职,次子那健迁能睦窝(新衙门);女嫁唐氏,生贡生唐弘绪。③

5. 那魁

那魁是第五代慕连土司,康熙二年(1663年)袭父职。《那氏家谱履历》记载:"二世祖天宠病故,高祖魁无力承袭和曲州土官之职,照土舍管事。高祖魁有病,不能理事,于康熙四十一年(1702年),令曾祖德发照土舍管事。"如在"那天宠"条所述,清代前期,那氏未恢复"和曲州土官",因此,那魁"照土舍管事"当是事实。

一般认为,那魁有两个儿子,长为那德发,袭父职;次为那德洪,在兄德发被革土职之后,以贡生管理地方。但在那氏档案中又有那德耀一名,于康熙五十九年(1720年)年去世。其妻那沙氏自称"慕连乡孀妇",说上十三村"原系氏夫德耀祖代相承,管业无异"。又说此为"数百年之祖庄"。④从这些资料来看,那德耀似为那魁之长子,后代其弟那德发管理地方。那德洪为三子,继那德耀之后管理地方。那魁有女一人,嫁唐世兴,夫与唐弘绪为兄弟。

6. 那德发

那德发是第六代慕连土司,康熙四十一年(1702年)以其父那魁病,袭职,"照土舍管事"。那德洪说:"迨康熙四十一年,生父染病,兄德发长成,仍照土舍事办纳钱粮,只报明本州岛而已,原无转报上宪给照领札之事"。⑤那德洪对那德发任职之说,已十分清楚。"照土舍管事"也算是一种官职。如那德洪曾说:"已故兄

---

① 那德洪:《追缴委牌事》,《清代武定彝族那氏土司档案史料校编》第9页。
② 那德洪:《何事停袭事》,《清代武定彝族那氏土司档案史料校编》第10页。
③ 《新妇唐氏诉为听唆捏以主仆通奸等捏投控事》,《清代武定彝族那氏土司档案史料校编》第155页。
④ 《赏准给ண事》《祈天严究事》,《清代武定彝族那氏土司档案史料校编》第114、115页。
⑤ 《何事停袭事》,《清代武定彝族那氏土司档案史料校编》第10页。

那德发曾袭过土舍职"。① 而且上级官府还发给"土舍委牌"②。

可是在康熙五十三年（1714年）和五十四年间，那德发与其兄那德耀争产；又与禄劝州撒甸土舍常家、环州土舍李家武装械斗；那德发还怒杀正妻，因为她是环州土舍李家之女。此事触怒上级官府，"署府刘总爷平城抄家，房屋尽行烧毁，……后署州李宗师详明各宪，革去土舍，编甲入流，一切差徭俱照汉方一体办纳。凡所属地方俱各亲身各完各款，各当各差"③。那德耀、那德发等兄弟也都同于百姓，"已无土舍之名"④。那德发被康熙皇帝判充军，后死于回疆，即今新疆。至于是否有子女，情况不明。

7. 那德耀

那德耀是第六代第七位慕连土司。其弟那德发被革除土职、改土归流之后，即由他管事。这种"管事""已无土舍之名"⑤。再说得具体一点，即"一切应办事件，仅照绅衿之例办理，并非勒品、环州可比"⑥。但在民间，仍视那氏为土司家，那德耀为继位土司。那德耀于康熙五十九年（1720年）去世。此后，由其妻那沙氏代办管事。如那沙氏于雍正二年（1724年）向武定知府控告能睦窝（新衙门）之那德溥侵夺上十三村时，即说："情缘大小水西二村，原系氏夫德耀祖代相承管业无异。于〔康熙〕五十九年，氏夫不幸病故，欺氏孤寡，同谋反去，投认那德溥为主。"⑦

德耀还有三弟，名德洪，年少时即有很好的汉文之修养。从现有资料来看，其二兄德发革职、改土归流时，他已20岁左右，但未得"管事"。从他在雍正二年六月五日所上《俯怜苦情事》呈文看，内说："误遭兄（那德发）案株连，负累含冤，有苦难伸，因而安插府城住居八载，颠连困苦，奔波万状。"⑧大约有八年长住武定。他从康熙六十一年（1722年）开始，与其嫂共同管事。雍正二年后，全面管事。

那德耀与沙氏生一女，嫁唐世兴之子唐维绪。

---

① 《禀复承袭事》，《清代武定彝族那氏土司档案史料校编》第10页。
② 《追缴委牌事》，《清代武定彝族那氏土司档案史料校编》第9页。
③ 《追缴委牌事》，《清代武定彝族那氏土司档案史料校编》第9页。
④ 《禀明改土〔归流〕事》，《清代武定彝族那氏土司档案史料校编》第8页。
⑤ 那德洪：《禀明改土归流事》，《清代武定彝族那氏土司档案史料校编》第18页。
⑥ 那振兴：《赏准宽限事》，《清代武定彝族那氏土司档案史料校编》第18页。
⑦ 那沙氏：《祈天严究事》，《清代武定彝族那氏土司档案史料校编》第18页。
⑧ 那德洪：《俯怜苦情事》，《清代武定彝族那氏土司档案史料校编》第7页。

8. 那德洪

那德洪是第六代第八位慕连土司，是那氏历代土司中最具权威而且最有盛名的一位。这是因为他有较高的汉文化修养，而且取得廪生、贡生之名；他又曾奉命率领数百名土练到东川、普洱平叛，立有武功，获得土把总头衔；他为人忠厚，在地方上立社仓、办学塾、置学田、修道路、兴水利，甚得彝众尊敬，官府也旌以"倡议育才"之匾。

关于称那德洪为土司之事，应当声明，至少在雍正二年（1724年）以前，他连土舍之名也没有。在雍正二年以后，是以廪生之名管理地方。

那德洪的生年，在有文字的资料中出入很大。上引《档案史料校编》中，那德洪于雍正二年（1724年）所上报《超免入监事》，说当时他22岁，据此，他应生于康熙四十二年（1703年）。于乾隆九年（1744年）上报《遵例捐贡事》，说他33岁时，是乾隆元年（1736年）。据此，他应生于康熙四十二年或四十三年。这些档案资料都是那德洪为补廪生、贡生而写的上报武定军民府的档，如第一个档上还有两名廪生沙应华、吴俊担保具结。因此，此年龄似应可信。可是据《那德洪神道碑》载，那德洪45岁时，为乾隆四年（1739年），岁次己未。而且说到其子那嘉猷为府庠彦，是请进士李鸿业撰写碑文的人。这样的情况当也可信。可是据此推算，那德洪当生于康熙三十四年（1695年），比上引档案资料所述长8岁或9岁。此两说一时无法断定孰是孰非。我认为后一说似更合理一些。如此推定可信，上引档案中之年龄当属官面文章，有不准之嫌。

那德洪管理地方，应在其长兄那德耀死后。但因他当时尚囿于武定府城，则由其长嫂那沙氏代管。他是康熙五十七年（1718年）四月十六日以俊秀捐纳京斗四百石，准作监生的，但未经到监考试，在籍肄业。康熙六十一年始与嫂沙氏共管事。雍正二年（1724年）四月十一日，申请"超免入监"，①始全面管事。雍正五年（1727年）十二月，那德洪奉府命率土练140人到东川镇压叛乱。雍正八年（1730年）八月，又与堂弟那德厚共同率土练320人到乌蒙（府，治云南昭通县）镇压叛乱。因功，由云、贵、广西三省总督鄂尔泰奏请，特授贡生职衔，另授军职土把总（正七品）。雍正九年捐县丞（正九品）。雍正十年六月，奉调率土练二百人助征普洱之乱，亦有军功。至乾隆元年（1736年），覃恩例袭土职。可是那德洪以"吾乐山水，《诗》、《书》

---

① 纳粟入监之例始于明景泰中。监生要入国子监就读。清代监生有恩监、荫监、优监、例监之别。乾隆以后监生始可不入监就读。那德洪纳粟入澂江府路南州常平仓，当为例监。

启后"①为由，一再表示不愿承袭土职，于是命其照环州土舍一例办公纳粮。乾隆十年（1745年）去世，葬于兰启裔。

那德洪有一子三女。子那嘉猷，袭父职；长女嫁禄劝州监生常守嗣，二女嫁张忠，三女嫁四川普隆土司沙金龙之弟沙金凤。②

9. 那嘉猷

那嘉猷是第七代第九位慕连土司。关于袭位时间，《那氏家谱履历》载："乾隆十年，祖嘉猷由廪生捐贡，承管茂连，仍照环州土舍一例办公纳粮。"光绪《云南通志》则曰："德洪死，嘉猷由廪生乾隆十一年袭。"光绪《武定直隶州志》亦曰："那嘉猷，德洪子，乾隆十一年由廪生兼袭。"③嘉猷之土司纪年可从乾隆十一年开始。

关于那嘉猷去世的时间，也有歧义。《那嘉猷神道碑》立于乾隆二十一年二月二十二日，这当是死前预立。④《那氏家谱履历》载："至乾隆二十七年（1762年），祖嘉猷病故。"实际是在乾隆二十五年（1760年）三月十七日病故，⑤葬于兰启裔。

那嘉猷有一妻三妾。妻安氏，生一女，嫁普隆土司之弟沙金凤之子，是姑表为婚。前二妾均姓申氏，为家婢。大申氏生一子，名那显宗，后袭父职。二申氏初嫁朱亦甫（亦名矣甫），后为那嘉猷占有，生一子名那耀宗。两申氏在那家的地位一直同于奴仆，所生二子初时也不受重视。那嘉猷求嗣心切，又娶唐氏为妾。唐氏是那天宠之女的儿子唐弘绪之女，初嫁能睦窝（新衙门）那德厚长子那成为妻。那成婚后不久即死，无子，时该女才22岁，又改嫁那嘉猷为妾。过门时，陪嫁男女奴仆二十余人，使那家门内服役家人顿增一倍。因之她虽名为第三位妾，实是以人主之身份进入那门。她于乾隆二十四年（1759年）八月与那嘉猷成婚，那嘉猷于次年三月即病逝，唐氏无出。那嘉猷除上述一女两子之外，其于乾隆二十一年（1756年）所立《神道碑》上载有四位女婿之名，为左腾云、杨鼎、毕世英、周世昌。安氏之女虽幼，碑上应当有名，但无其名。此四婿不知何人之婿。

---

① 《那德洪神道碑》。
② 同治重修《会理州志》卷七《土司》："普隆土百户沙履丰……历传沙金龙、沙建吉、沙名邦承袭，驻牧普隆。"按：沙金龙为沙金凤之兄。
③ 光绪《云南通志》卷146《秩官志》七之六《土司》六《武定直隶州》，光绪《武定直隶州志》卷6《秩官·慕连土舍》。
④ 见本书部分第六节之"兰启裔群墓神道碑"。
⑤ 《邱茂才等办事头人诉常守嗣谋嗣霸财及主唆陷害事》，《清代武定彝族那氏二司档案史料校编》第147页。

10. 那显宗

那显宗是第八代第十位慕连土司，生于乾隆二十三年（1758年）。父死时，他只有三岁，又以婢生，未得顺利承嗣。父死不久，其三位姑母与姑父以弟丧为名，赶回那家，与那嘉猷妻安氏结伙，企图霸占那家。大姑常那氏欲以己子入赘那门，与安氏之女为婚，以承那氏之嗣。二姑、三姑也想乘机争财。他们排斥唐氏与二申氏及其二子。唐氏则在那氏门下一些有权头人的支持下，公开与安氏一伙对抗，于是发生了"立嗣"之争，同到武定府衙争讼，时长三个多月。经过调解协议，余知府于当年（乾隆二十五年，1760年）八月二十八日判曰：

> 议以安氏抚子显宗，唐氏抚子耀宗。两申氏各随子安身，不致失所。家业田产，安氏六分；唐氏四分。嫡庶攸关，差等均属允协。既已各愿，即将田产家私妥议照四六公平均配。写立合同，送赴州署铃印发给，立收执管业。日后永杜争端。①

从此，那显宗即有承袭父职之名。因他时尚幼小，由安氏管事。《那氏家谱履历》谓："至乾隆二十七年（1762年），祖嘉猷病故，父显宗承管茂连，仍照环州土舍一例办公纳粮。"光绪《武定直隶州志》谓："那显宗，嘉猷子，乾隆四十八年袭。"②这两项记载的袭职年代都不正确。那显宗初照"土舍"管事，后以监生捐"土州同"职衔，职权虽未增，而名声却又大作。

余知府原判那氏之产业"四六"分享时，那显宗与其弟耀宗均尚在襁褓之中。可是30年后，二人均长大，那显宗却以那耀宗并非其父那嘉猷之子，而是申氏与原夫朱亦甫所生为由，欲夺回产业。那耀宗接连诉至州、府、省，都未得申冤，于是于乾隆五十七年（1792年）"不惮万里，远赴京师呈控"③。这年四月，乾隆皇帝命湖南巡抚姜晟为钦差大臣，赴云南会同当地督、抚等官员会申结果，仍判"那耀宗本系朱亦甫之子，并非那嘉猷所生"。而且判"那耀宗着发往伊犁（今属新疆）充当苦差，以示惩儆"④。那显宗经钦差大臣等的会审而胜诉，从而夺回了那耀宗所分那十分之四产业；又以土州同之名管理地方，一时权势极盛。他于嘉庆十七年（1812

---

① 《安德顺等为祈天赏准和息立嗣给照永杜后患事》附批，《清代武定彝族那氏土司档案史料校编》第157—158页。府谓武定府，州谓和曲州。"立收执"当作"各收执"。
② 光绪《武定直隶州志》卷3，《秩官·慕连土舍》。
③ 《清实录》卷1396，《高宗实录》，第26册，第746页，北京：中华书局，2008年。
④ 《清实录》卷1402，《高宗实录》，第26册，第840页，北京：中华书局，2008年。

年）八月初三日去世，享年55岁，[①]葬兰启裔。

那显宗有妻妾共十人。妻沙氏，沾益彝族沙应显之女。妾，依次为大傅氏、二傅氏姊妹，彝族；张氏，昆明汉族；常氏，禄劝撒甸土舍常氏之女；章氏，婢女；其他为阿氏、王氏、夏氏、孙氏。显宗无子。有五女，长嫁唐氏，次和三均嫁环州土舍李氏；四名秀珍，五名七珍，那显宗死时尚未出嫁，显宗遗嘱招赘。

11. 那振兴

那振兴是第九代第十一位慕连土司。高祖那健，是第五代慕连土司那魁之弟，曾祖那德溥，祖那挺秀，父那宗善，母李氏，世居能睦窝（新衙门）。那显宗死后无子，其妻那沙氏原与显宗不和，归宁沾益竟17年不归，显宗的讣告送去后，仍迟迟未回，显宗之妾大傅氏、二傅氏、张氏等会同族人，协定过继那振兴之堂兄那昌祖为嗣。十月初三日，获和曲州知州批准。可是至十一月，那沙氏自沾益归来，以种种理由要求废掉那昌祖，另立那振祖（即振兴），大傅氏等亦附和其议。至次年四月，知州批准了她的要求，建议那振祖改名那振兴，又发给他管事"执照"。至十一月十二日，那沙氏和那振兴都向知州具甘结。那沙氏的甘结说："自此之后，小心教育振祖（兴）管业，并约束头人，不敢玩法滋事生端。如违重罪，遵结是实。"那振祖（兴）的甘结说："小的立嗣之后，留心侍奉母亲，扶持妹姊出嫁。并约束头人，不敢滥费家产，亦不敢违逆各位母亲。"[②]可是那振兴自到万德后，与那沙氏一直不和，主要是那沙氏不想容纳他，不给他任何权力，还一再凌辱他，想把他赶走。她自沾益回万德时，带来了亲侄沙福禄等，企图独揽大权，霸占全部家产。她将女儿七珍招赘沙福禄。那沙氏还一再向官府控告那振兴，要求废除他的继嗣关系。直到嘉庆二十二年八月，由于官府施加了压力，那沙氏才再具甘结，与那振兴保持母子关系，不再肇讼端。

那振兴与各庶母的关系较好。三母张氏于嘉庆二十五年（1820年）即去世。大傅氏约于道光十一年（1831年）去世，二傅氏于道光二十年去世。那沙氏在嘉庆二十三年后情况不明。

关于那振兴入嗣后的职位，武定直隶州萧知州转发给的"管事执照"说得很明白："那显宗虽非土职，但头目、夷佃众多，有约束夷众之责……为此，照给那振祖（兴）遵守，即便承继那显宗之嗣，管受遗产，奉养沙氏，善事傅、张各氏，并约束头目、

[①] 《张氏二妹墓志铭》作"寿享五八"。见本部分第六节之"兰启裔群墓神道碑"。
[②] 以上均引自《清代武定彝族那氏土司档案史料校编》第180页。

佃户、夷众人等，弹压地方，勿须玩忽，致干律究。"① 这就是说那显宗虽捐有"土州同"之名，但并无"土职"之实，仍如其父祖一样，"照环州土舍一例，办公纳粮。"当然在那沙氏当权时，那振兴连这点权力也没有。

那振兴掌权大约是在嘉庆二十五年以后。尤其是在道光三年（1823年）正月，永北（今云南永胜）、大姚发生叛乱时，他曾奉命率领土练三百人前往协同官军平叛，以屡获军功，被赏给军功六品顶戴；并领有功札功牌。至道光六年（1826年），又"钦加敬赠正五品顶戴"，并制成巨型金字匾额，高悬于那氏土署的二门之上，匾面四个大字："锦节安边"。② 此时的那家是有清以来最隆盛的时期，但这仍是虚名，那振兴每次上书给知州，都自称"慕连乡土目"。光绪《云南通志》《新纂云南通志》径书那振兴于"道光元年调征永北夷匪，赏给五品顶戴"之说，失考。

那振兴生于乾隆四十五年（1780年）。嘉庆十八年（1813年），以34岁之身，入嗣慕连土司家。关于卒年，文献缺载。在《那氏土司档案史料校编》之第141~142页，收有那振兴撰《传家实绩承先启后赋》一篇，四六体韵文，长千余言。主要是颂扬自己"麾下锡于六品，职统卫营；阵前勇于三军，威风远树"。上述远祖，"荷恩荣于北阙"；下勉子孙，"克绳祖武于善继"。文后落款，则书"大清同治八年五月初二静斋立"。有人据此推定，静斋是那振兴之字。那振兴在同治八年（1869年）五月还活着，那时他已90岁了。我认为此一推论很不可信。那氏十余代土司，寿命最高的不过60岁，50多岁者居多。这一情况是和当时的生活及医疗条件分不开的。那振兴即使高寿，也不可能活到90岁。我初步推断，他大约死于道光十五年（1835年）前后，享年56岁左右。主要根据如下三条资料。一是嘉庆二十五年（1820年）十一月初三日立《张太君孺人神道碑》。立碑者五人，为"男那振兴，媳沙氏，孙仁寿，孝女秀珍、七珍"③ 有两点值得注意：第一，那振兴入嗣慕连土司家所娶之妻沙氏已进门；但尚未生育子女；第二，仁寿是那振兴入嗣前在老家能睦窝（新衙门）与原来的妻鲁氏所生之子。二是根据《清代武定彝族那氏土司档案史料校编》一书所收资料，其最晚者止于道光十二年（1831年）十一月二十三日。也有两点值得注意：第一，证明那振兴这时还健在；第二，这年正月，其次子那仁勇生病，说明了长子那仁安早已出世。④ 三是道光二十二年（1842年）正月十三日立《那二傅氏神道

---

① 《武定直隶州正堂萧为给照遵守事》，《清代武定彝族那氏土司档案史料校编》第182页。
② 1959年1月20日笔者与调查组成员张长彩夜访万德区新村铁农具厂，看到此匾，并手录铭文。
③ 见本书部分第六节之"兰启裔群墓神道碑"。
④ 依次见该书第86页《禀明封禁志里渡口事》、第114页《再不敢冒昧胡禀》、第18页《赏准宽限事》。

碑》。立碑者二人，为"孝媳那沙氏，祀孙仁安"①。也有两点值得注意：第一，碑上写明，二傅氏"生于乾隆三十七年（1772年）十二月二十六日，终于道光二十年（1840年）□月□日。"第二，立碑者无那振兴，亦无次子那仁勇。他两人大约已不在人间。那仁寿因非直系，自不应与那仁安并署。根据对上述资料的分析，可以推定那振兴死于道光十一年（1831年）十二月二十四日至二十年（1840年）之间。在更具体的资料发现以前，只有定于"道光十五年（1835年）前后"。至于上述《承先启后赋》的落款，与那振兴无关，当是他的长孙那康保所为。"同治八年"，康保正任土司。他与其母那沙氏都有功于官府，屡蒙嘉奖。他又体质孱弱，喜居静室。因之名其室为"静斋"，书《传家实绩承先启后赋》以装饰其间，并以显示那氏之功业荣耀。

那振兴为独生子，九岁丧父，在寡母李氏的扶养下，读过不少汉文书籍，还曾在武定州衙做过书吏。先娶妻杨氏，生一女。杨后早逝，又续弦鲁氏，生一子一女。入嗣慕连土司家后，为接续土司家的香烟，另娶四川普隆土司沙建吉之女沙氏为妾，先后生二子。长为仁安，后袭父职；次为仁勇，夭亡。

12. 那仁安（母那沙氏代办）

那仁安是第十代第十二位慕连土司。生于道光三年（1823年）前后，于道光十五年（1835年）袭父职，所谓"军功六品顶戴""钦加敬赠正五品顶戴"等都是其父的光荣历史，他所继承的只是"茂慕连乡土目"而已。

那仁安自幼痴呆，方志多记此事。但都误"仁安"为"安仁"，应当更正。光绪《云南通志》曰："振兴死，仁安怯弱不振，母沙氏代办。"②光绪《武定直隶州志》曰："那沙氏，振兴妻，因子仁安不胜土舍之任，故该氏于咸丰元年袭。"③民间则称那仁安为"老憨官"，有关他的笑话流传很多。那沙氏不是一般地代那仁安管事，而是官府任命她为"代办"，如同"女土官"，所以称"袭"。但是何时"袭"职，似"咸丰元年"之说不可信。那沙氏大约在那振兴死后即掌权。杜文秀领导回民在大理起义时，她曾派马司李髯子率领300土练协助官军进剿，又大力筹办粮饷，荣受钦赐"巾帼丈夫"匾额。又曾为镇压下十三村（小环甸）要求脱离慕连土司统治的群众反抗运动抽调过上千人的武装，并由她指挥作战。那沙氏在武定的多数彝族居民中被视为女中"豪杰"。

---

① 见本部分第六节之"兰启裔群墓神道碑"。
② 光绪《云南通志》卷146，《秩官志》七之六《土司》六，《武定直隶州·暮连乡土舍》。
③ 光绪《武定直隶州志》卷3，《秩官·慕连土舍》。

那仁安一生无所事事。他干过的唯一的一件大事，是驱使彝、汉民众修筑了一条"功德路"。此路自万德向北直通到金沙江南岸的罗能村，约有十五公里，主要用方石铺成，对警戒金沙江渡口和民众往来都有重要作用。那仁安死后，葬于寨子。神道碑铭文作："皇清诰封授武德骑尉加授武功将军花翎三品参领那公讳仁安之墓"①。这份荣耀是那氏历代土司的最高奖誉，实是因他的母亲那沙氏而得。

关于那沙氏和那仁安母子何时去世问题，目前尚无确信资料可查。关于那仁安之长子那康保袭职一事，可提供一点有关这一问题的线索。如光绪《云南通志》曰："咸丰初（元年，1851年），孙康保袭。以迤西军务，筹捐粮饷有功，奏升土州同，颁给铜印。"②《新纂云南通志》所记同。光绪《武定直隶州志》曰："那康保，振兴孙，同治元年（1862年）袭。以捐银四千，总督潘铎奏准，以州同职衔照衔承袭。"上引两条资料，其年代出入很大。所谓"迤西军务"，当是指清政府镇压杜文秀领导的以大理为中心的回民起义，其时间在咸丰六年（1856年）。又"奏升土州同"者为总督潘铎。据《清史稿》卷396《潘铎传》载："潘铎，字木君，江苏江宁人。……（咸丰）十一年，予二品顶戴，起署云贵总督。……同治元年（1862年）九月抵任。……二年正月（在昆明死）。"又同书卷117《职官志》四《土司各官·云南土知府》载："州同职衔一人。"本注："同治元年，那康保改袭。"《州志》与《清史稿》所载是一致的，也是对的。又两《志》均将那康保袭职事系于"那沙氏条"之下，且径称"孙康保袭"。综上各条推之，那沙氏大约死于咸丰十一年（1861年）或次年（同治元年），时约60岁。③那康保于同治元年袭职。

那仁安外号"老憨官"，又有一匾额证明他在同治三年（1864年）还在世，知他活到40岁以上。他的妻子也是普隆土司沙氏之女，其母那沙氏的亲侄女。生二子，长为那康保，袭父职，实承祖母管事；次为靖保，袭兄职。

---

① 光绪《云南通志》卷146，《秩官志》七之六《土司》六，《武定直隶州·暮连乡土舍》。
② 光绪《武定直隶州志》卷3，《秩官·慕连土舍》。
③ 那振兴入嗣慕连土司家后，长期为嗣母沙氏所不容，家庭纠纷严重。直到嘉庆二十二年（1817年）八月，由于官府的高压，嗣母沙氏才再具甘结，认那振兴为子，母子勉强和好。那振兴娶妻沙氏，约在此后一二年，为三母张氏立碑时（嘉庆二十五年），沙氏尚无子女。如沙氏婚时为18岁，至咸丰十一年（1861年）约为60岁。

13. 那康保

那康保是第十一代第十三位慕连土司。据调查，他生于咸丰二年（1852年），死于虎年（壬寅，1902年），享年51岁。关于他在同治元年（1862年）11岁时袭位的情况，在上段考证祖母那沙氏生年时已论及。他承那沙氏之余荫，荣赠"土州同"职衔，还蒙赐金匾，书"世国忠良"，悬于土署三门上。前述于同治八年（1869年）五月初二日书其祖那振兴撰《传家实绩承先启后赋》于静斋，就是那康保18岁所为；那时他已年长，血气方刚，曾欲有所作为。可是由于他体弱多病，还是提前将职务让给了二弟靖保。关于此事，文献有记载。光绪《云南通志》载："康保因病告替，弟靖保同治十二年（1873年）袭。"①《新纂云南通志》同。光绪《武定直隶州志》载："那康保……因病告退。""那靖保，康保弟，同治十三年袭土州同职衔。"②

那康保退职后，居家静养，亦常住昆明。有妻妾三人，妻李氏，环州土舍之女；大妾沙氏，普隆土司沙家之女；二妾金氏，禄劝县撒甸土司金氏之女。均未见有子女记载。

14. 那靖保与那安和清

那靖保字珊瑚，是第十一代第十四位慕连土司。据调查，他生于咸丰八年（1858年），死于猴年（戊申，1908年），享年51岁。但据其妻弟安朝勋撰《那靖保神道碑》载：那靖保"于光绪三十四年（1908年）八月十七日寅时，卒于家，葬于茂连兰启畜之原，距生于咸丰五年（1855年）五月九日巳时，春秋五十一岁"③。可是据此碑，当作54岁。《神道碑》又载："那公生而聪颖，学粹行优，弱冠登科，补博士弟子员。方将成年，诰袭土司之职。"职衔仍为"州同"。

那靖保性喜吃喝玩乐，长住昆明。有妻妾六房：妻李氏，法土窝黑彝；大妾沙氏，普隆土司之女；二妾顾氏，三妾段氏，四妾马氏，均昆明汉人；五妾安氏，万德黑彝安振邦之女，名安和清。那靖保前五房妻妾未见有生育记载。安和清生一女一子。女名桂芳，亦名锦云、庆云，曾在昆明上中学，后嫁普隆土司之子沙建忠，不久离异，云元谋县不知所终。子名那维新。那靖保墓在兰启畜。

---

① 光绪《云南通志》卷146，《秩官志》七之六《土司》六，《武定直隶州·暮连乡土舍》。
② 光绪《武定直隶州志》卷3，《秩官·慕连土舍》。
③ 见本书部分第六节之"兰启畜群墓神道碑"。

15. 那维新（王万镒代理、那沛之代办）

那维新原名贵芝，是第十二代第十五位慕连土司。为那靖保之遗腹子。约生于光绪三十四年（1908年）冬或次年，即宣统元年（1909年）春。那靖保死后，初由马司①（土司衙门的主要头人）王万镒（黑彝）代管一切事务。至民国5年（1916年），王死，经武定县知事批准，由马德坪土舍那沛之"代办"，那沛之是清末贡生，当地群众称之为"新贡爷"。民国11年（1922年），那维新亲职管事，龙云任之为江防司令。那沛之回马德坪，②实际掌权者是那维新之母那安和清。

那维新1923—1925年在天津南开中学读书，受到进步思想的影响。1925年回到万德，主张改革旧的土司制度，遭到其母那安和清的反对。后来他被云南省主席龙云任命为元（谋）武（定）江防司令，改名那修，后为人杀害。关于那维新死时的年龄，说法不一。在万德土署之东南通向万宗铺村的路上有一小桥，四条长石分两排接成，右边二石下刻有"二十"二字，当地群众说是那维新只活了20岁的证明，别无其他证据。无子女。

16. 那安和清

那安和清是那靖保之第六位妻室，原是妾，因长期掌权，又是小土司那维新的生母，因之群众都以老土司的正妻视之。她掌权后，被称为女土司，即第十一代第十六位慕连土司。

那安和清生于光绪十二年（1886年），群众说她属狗（丙戌）。光绪二十七年（1901年），那靖保已44岁，膝下无子，即娶马司安振邦的16岁之女为妾，即安和清。安氏22岁（1907年）生一女名桂芳；一年后又生遗腹子贵芝，即那维新。

代办那沛之回马德坪后，安氏以女土司管事，用其兄安朝勋、安建勋二人主外事，其姊安孝贞主家务，③一时家道随和，辖区稳定。《那公珊瑚与夫人安氏墓志铭》说：安氏"操持家道，养卫地方之佃民，劬育子女，尽效国家之义务。生平之间，兴家立业，创举百端大事；光耀门闾，遭遇万般措折，可谓裙钗之将士也"④。此虽溢美之词，但也反映了一定的实际情况。

那维新死后，那安氏再无子孙，门衰祚薄，家道日颓。1935年夏，当地彝族群

---

① 马司：彝语，"兵头"之意，协助土司总管一切，还代土司统率军队。
② 《新纂云南通志·土司考五·武定直隶州》。
③ 安孝贞被称为大姨太，原嫁禄劝土司金家，后回万德不归。
④ 见本书部分第六节之"兰启裔群墓神道碑"。

众掀起了反土司斗争，能睦窝群众杀死土舍那汝胜一家11口人，马德坪群众杀死土舍那祖贻母子两口人，万德之慕连土司家那安和清等逃到武定。此次斗争虽被官府镇压下去，可是区内反土司的情况仍不断发生。区内新生的彝、汉族地主、商人也与土司对抗。1948年，那安氏逃到武定城居住。1950年武定解放。1952年，那安氏被群众揪回到万德，于1952年受批斗后病逝。据说当时县委统战部部长雍文清（彝族）说此事是工作上的一大错误，因为那安和清是统战对象，应当保护。

（三）慕连土司治所迁徙及其名称的由来

慕连土司的辖域范围在其统治的370余年间屡有变化。从明代开始到民国时期，官府一直欲在这里推行流官制度，对原土司辖域多所切割。又曾在区内实行乡镇、保甲、区乡等制度。因之，今天言慕连土司辖域，往往以为只是今日之万德区。实际今日的万德区只是原土司辖区的一小部分。可是原土司辖区到底有多大，其范围的具体状况如何，文献缺乏记载，需要结合实际调查对照论证。另外慕连土司那氏为了加强对其辖域的统治，曾多次迁徙治所，考察这些治所及有关的重要遗迹，都有助于我们对慕连土司区社会历史的研究。（参看图6）

1. 慕连土司的辖域

在明万历元年族人改土归流时，慕连土司那氏之祖先凤拔却得到云南巡抚邹应龙的重用，任和曲州土舍，把守境内金沙江。其子者峨袭职，改凤姓那，又因军功，获和曲州土官之名，职守未变。可是武定府城以北，直至金沙江边，尽是深山老林，又属于民族地区，汉官难得进入。于是那者峨及其子孙借其祖宗的余威，利用自己的官家身份与特权，不断扩大其势力范围；官府又利用他们维持地方治安，催办钱粮、剌误（读拉乌，差役）。于是以"寄粮投庄"为合法形式，在土司地区，促进了封建领主制（农奴制）的发展，土官便成为这里的主人。改土归流只是更换了府、州的统治者。州以下的政区，在汉人居多数的地区设"竟"，在彝人居多数的地区设"马"或"甸"，亦称乡。实际情况是"彝民称'甸'称'马'者，名虽纪于有司，土目实制其命，未异畴昔也"[①]。这就是那氏土司的祖先在遭受"改土归流"的严重打击后，以其残余的一支，仅凭幸获把守金沙江几个渡口之机遇，而竟能很快发展壮大为一个偌大地区的统治者的主要原因。

---

① 康熙《武定府志》卷之二《户口》。

和曲州为明朝武定军民总管府附郭州，下分五境三乡。五境为近城境、九厂境、鸡街境、高桥境、插甸境。境为汉区，范围都很小。三乡为慕连乡、环州乡、勒品乡。乡为民族地区，范围都较大，尤其是慕连乡的范围最大，归慕连土司统辖。最早记载慕连土司辖区范围的文献，是土司那德洪于雍正二年（1724年）的呈文《禀复金江名山事》，文曰："暮（慕）连乡南接插甸乡（境）地界，西接环州地界，东北接禄劝州地界。金江自环州界木施革西南而来，至白马口。由白马口至降里村十里，降里至贾乌二十五里，贾乌至五曲革十里，五曲革至普利二里，普利至大鲁纳乌五里，大鲁纳乌至小鲁纳乌四里，小鲁纳乌至禄劝地方徼乃村（志力老村）七里，约共六十三里。"①较晚的记载是光绪《云南通志》，文曰："慕连乡土舍〔案册〕东至杨爱齐教木里七里，壤连禄劝县地界；西至洒布（洒布乍）张李二哨一百三十里，南至老木坝、插甸一百二十里，壤连武定州界；北至志立（力）、顺金江八十里。"②上述两项记载，对东北西三面尚清楚。不过在社会调查中，仍有更具体的例证。如说东北自志力至岩子头，与禄劝相连。西至洒布乍，洒布乍在今白露之北，沙拉河上游，当年所立慕连土司与环州土司的辖域界碑至今还竖立在洒布乍的山梁上。此事证明，慕连土司与环州土司的辖区不是以勐果河上游所所卡河为界，而是以其西面的支流沙拉河为界。此点对纠正传统的以所所卡河为界的错误说法是很重要的更正。

在明代后期，曾有"和曲十马"③的划分，那氏祖先曾获"和曲十马长官司"之职衔，来源于此。不过到清代前期，慕连土司区确实划分为四甸，归那氏统辖。在《那建中神道碑》铭文中，有"世居茂（慕）连，管理四甸"之语，民间亦有"四甸归土"之说。四甸是：撒增甸，管万德以西；锁折甸，管马德坪以东；缺章甸，管上十三村；小环甸，管下十三村。此外，慕连土司向南管到"插甸两条河"、么莺（鹞鹰）、乌龙洞，直到武定城北门外的北门坡。

插甸两条河是一个地区名称，因村寨分布在插甸以北的两条河流的附近而得名。此两条河一东一西，自北向南流，至插甸折而西流，并会合为一，即名插甸河，再西入高桥河。两条河其东边的一条，彝语"阿土"，与汉语混用叫作阿土大河；今多通用汉语名称，作哪吐大河，或写作纳土大河。西边的一条，彝语"古普"，与汉语混用叫作古普大河。这一带的坝子和平缓的丘岭地较多，气温、雨量适中，土

---

① 《清代武定彝族那氏土司档案史料校编》第256–257页。
② 光绪《云南通志》卷146，《秩官志》七之六《土司》六，《武定直隶州》。
③ （明）邓世彦：《武定府改土设流议二十事》，康熙《武定府志》卷之四下《艺文》。

质较好，森林覆盖面大，农牧业都有较好的发展。至清代中期，据说已有81村，也有说100余村的。较大的村寨有老木坝、治都、古普、扯衣曲、阿土（哪吐）、衣纳革、扯衣咩、立即夏、罗朱村（上乐美）、安德村、扯衣乍、达彼、夏纳、布鲁、差机、阿拉等。明朝后期，武定府改土归流时，官府曾欲将武定的民族地区也较快地纳入流官的控制之下。流官知府卢懋鼎奏上朝廷，获准在插甸屯兵守卫，名法乌营。至崇祯十三年（1640年）才派兵驻扎，至清初又废弃。其中原因自然是尚缺少流官驻屯管理的基本条件。

么莺原作鹞鹰，乌龙原称乌龙洞，顾名思义，都是地形险要之处。这两地是自插甸至武定城的必经之路，但山崖陡峭，河谷曲折，经常有盗贼出没。当地村众对这两处地方多谈虎色变，致有神话流传，说鹞鹰有"神鹰"，乌龙洞有"乌龙"，常兴妖作怪，吞杀行人。于是插甸两条河以南至乌龙洞以北广大地区的各村村民，都害怕独自或少数人经过这里去武定城纳粮当差。武定官府也为了减少麻烦，希望有民族头人代官府管理地方，代收租税，代催差役。于是慕连土司又在"寄粮投庄"的形式下，将统治区迅速向南扩展到乌龙洞。再向南，即在武定城北惠民桥外的北门坡，① 还有慕连土司家60个工的田地，为土司自种。

上述四至内的面积约有1600平方公里，约占今武定县全部面积3322平方公里之半。居民以彝族为主，还有部分苗、瑶、傣、傈僳、汉等族。苗族住高山，彝、傈僳、汉住山梁子半山腰，傣族住河谷，垂直居住，各有生产和生活特点。

慕连土司的辖域在清朝后期不断缩小，主要原因是南部地区的社会经济、文化发展较快，受坝区汉族的影响较大，不断掀起反对土司的斗争，以后相继脱离了土司的统治。如上十三村，自乾隆末年即反对土司的统治，从那时到咸丰年间，各村陆续脱离了土司，归入插甸境。继之则是下十三村的斗争，至咸丰末年，也全部脱离了土司，归入高桥境。插甸两条河地区也动荡不安，那氏迫于压力，作为人情送给了武定人大官僚刘存中土地。北门坡60工田地也便宜卖掉。至咸丰末年，慕连土司的辖域已缩小了三分之一。

---

① （明）刘文征撰《滇志》卷之三《地理志·桥梁》：武定府惠长桥："在府北一里，有洞，很深，导引灌溉。万历二十七年，知府刘懋武修。"亦作"会明桥"。

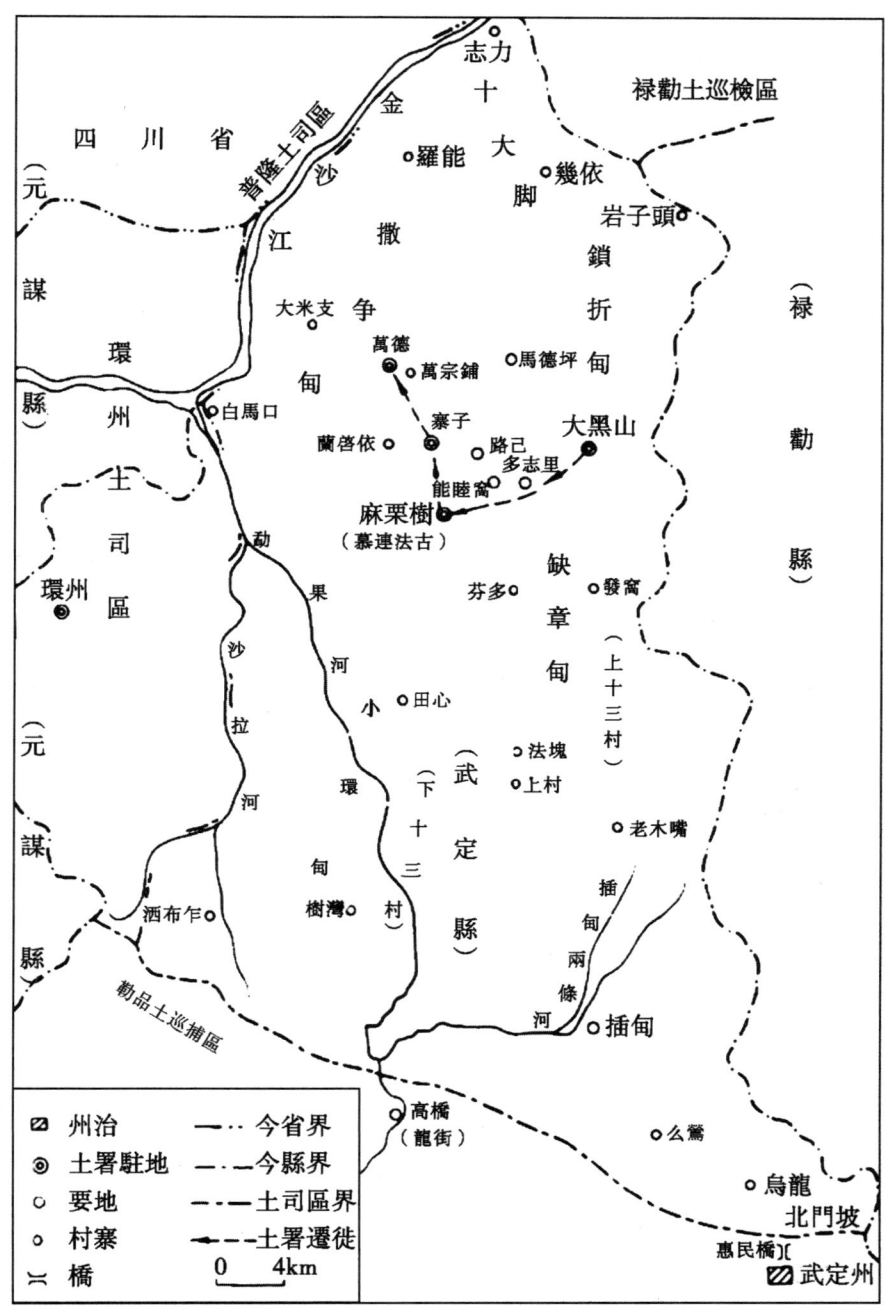

图 6　慕连土司辖域

2. 土署迁徙踪迹

那氏的祖先在明朝后期武定改土归流、凤氏遭到镇压时，一度居于大黑山，是凤氏家族这一支最不得意的时期。不久，凤拔蒙云南巡抚邹应龙的重用，以和曲州土舍守金沙江渡口。大黑山就是土署的第一个驻地。大黑山在多志里东北，地势险要，当时修建的房屋、石围墙及跑马场等遗址，至今尚存。

大约那者峨于万历三十五年（1607年），因参加镇压郑举的叛乱而立有军功，受到奖励后，那氏迁出大黑山，驻麻栗树。麻栗树今名自乌，在自乌河上游，生产生活条件比在大黑山时好得多，那氏也在这里建有土署和其他设施，这里是慕连土司的第二个驻地。如前所述，"慕连"是由"麻栗"音转而来，所以说，麻栗树是慕连土司的第二个治所，名副其实。从此就有"慕连土司"之名，历三百余年未改。后来，因麻栗树距离金沙江太远，不利于守卫，那备时，北迁寨子。有人称寨子为慕连法古，此说不准确。那备以军功授"和曲十马长官司长官"，即在此时。

据《那建中神道碑》记载："自祖辈以来，世居茂（慕）连，管理四甸。至高祖讳达，与大、二高祖讳备、曲分居，大高祖承袭土职，高祖等分授之。"那备以长支，居寨子；二支那曲迁马德坪，为马德平那氏之祖；三支那达迁多志里，为多志里那氏之祖。传说那备有五子，依次为那天凤、天龙、天宠、天云、天明，同居寨子。天宠迁马德坪，天云迁多志里，天明迁能睦窝（新衙门），各为分授地的始祖。文献记载，那备确有那天宠此子，承袭父职。并于顺治十六年（1659年）降清，奉令以土舍管事。这样，上述的调查资料与碑刻及文献有两点不合。一是那氏第二代即那曲、那达等与第三代天凤、天龙、天云等，哪一代是马德坪、多志里、能睦窝（新衙门）的始祖，不易确定。二是那天宠作为土司袭位者，应是长子，不是三子。此问题也需要做进一步调查研究。

寨子在自乌以北约五公里的梁子上，现在也叫作老寨子或拔贡坟。1959年2月，我同调查组部分成员在县委统战部部长雍文清（彝族）的陪同下，到这里考察，发现这里有巨大的房屋建筑遗址。有一间厅堂建筑，平面东西长约50米，南北宽约40米，墙基尚存。还有几个巨大的柱础石，有几块大条石躺在地上，是当年镶砌门框用的。有一石上阴刻一副对联的下联："诗书教子孙"，楷书，每字长宽均约8厘米。《那氏家谱履历》记载："那天宠由生员袭父职"，他死后亦葬在附近。又有地名叫拔贡坟，说这里曾是那天宠的居地，似无问题。距此房屋建筑东约100米处，有一半圆形深水池，直径约 10 米，用方石砌成。群众说是水井，我认为是花池，这里是土司的花园所在。在住宅、花园周围，有一石砌垣墙，东西北三面犹存，长 50 余米，各高二三米。还有一用块石、夯土筑成的堡垒，残高 1 米多，射击洞还保存完好。这里是慕连土司的第三个治所。

垣墙外不远处有荒冢五座，无明确标识。在住宅后的一座是第十代第十二位慕连土司那仁安与其妻之墓。神道碑书曰：

皇清诰封授武德骑尉加授武功将军花翎三品参领那公讳仁安
皇清诰封淑人晋封右淑人乡谥静惠贤良慈妣□□沙氏老太君
之墓

此碑是其子那康保、那靖保所立。其他墓均未修整，有石刻、砖瓦，但很零乱，不易辨明哪一座是何人之墓。

慕连土署第四次迁徙，大约是那氏第五代第五位土司那魁所为，新土署建于万德，时间约在康熙初年。万德，彝语，原音"宛太"，"万（宛）"汉意"猪"，"德（太）"汉意"坪子"全意"养猪的坪子"。关于慕连土司将土署自寨子北迁万德的原因，传说很多，主要是说这里有山有水，便于牧养猪羊，因之土司就将土署迁来。当然事实并非如此简单。应当说，万德一带确实是慕连土司辖下的自然条件最好的地区，东有高山深林，附近为肥沃的麦地稻田，向西有富饶的河谷地带，物产丰富，又宜于生活。但是将土署迁来的主要原因还是政治因素。即清政府要那氏土司不仅管好区内治安，纳粮派差，还要看好区内金沙江的隘口、防止游匪流窜，歹人私渡。万德向西面对金沙江，北与四川普隆土百户沙氏、西与环州土舍李氏、东与禄劝土巡检金氏，便于协调，这对守卫武定府的北境是必要的。慕连土司迁万德后，除修建土署及附属设施之外，为了加强对金沙江沿岸的控制和管理，首先在万德西北西临金沙江的最高山巅上建立屯兵堡垒，彝名"大米支"，汉名营盘山，外可控制金沙江，内可屏障万德。慕连土司迁土署至万德后，再传七代，历时近 300 年，未再迁徙。

3. 那氏在万德的遗迹

慕连土司那氏在万德的统治一直延续到 1950 年，遗存的各类建筑、器物、踪迹很多。关于土署的情况，我将在下一节介绍复绘《万德土署平面图》时再论述，现代遗迹亦不介绍。这里要介绍的是几项古代有历史价值的坝塘、摩崖、寺庙及石刻等。

（1）万德坝塘与喜年亭摩崖

万德坝塘是慕连地区最早，也是最大的坝塘。其修筑时间大约在土署迁来不久。坝塘初筑的容水量今已不可考。但知1948年以前可灌田1500多亩，附近十几个村的秧苗就依靠这个坝塘的水培植。当然坝塘的所有权归土司，因此农民用坝塘水者，要交"双租"，就是田租和水租。坝塘三面环山，一面为万德居民区和肥沃的可灌田地，湖光山色，林木郁郁葱葱，风景秀丽。据说当年土司在坝塘水中筑有一"喜年亭"，用九曲石桥通于岸边。1958年冬和次年春，我常在此坝塘附近奔走，此亭早已不见了，也无人讲到这里有摩崖。1983年3月19日，普光友书记与武定县摄影师熊美亮同志陪我再访此坝塘时，向我介绍了坝塘南岸的摩崖。普光友原是这里的老居民，区委干部。

摩崖位置较低，在居民区北边的断崖上，下临坝塘。文字直书左行，行约15字，因严重斑剥，行数已不可知，但可确定此为《喜年亭记》。录其尾数行如下：

　　一喜□亲之寿而康，次喜岁之丰而稔，又喜民
　　之赡而睦。当斯三喜之年，而成立亭，故
　　名之曰喜年亭。
　　大清康熙岁次庚午仲夏□穀旦
　　　　罗婺后学那魁谨识
　　　　鸠水后学萧乘乾书丹
　　　　　刻石匠人张自奇

摩崖横广2米，纵高1米强，长方形，双线阴勒四边框，框宽10厘米，中填刻菱纹。

康熙岁次庚午，为康熙二十九年（1690年）。那魁刻此摩崖时，"亲之寿而康"，即其母尚健在，可是其父那天宠已去世27年了。①"罗婺"亦作"罗武"，原为宋代乌蛮之一部落名称，②后为武定地区的雅称。"鸠水"原为河名。《清史稿》卷74《地理志》21《云南·武定直隶州》本注："盘龙河源出罗次白花山，为鸠水河。东北流，至城东，左会鹞鹰河，为盘龙河，东入禄劝。""鸠水"后为武定府城地

---

① 那德洪：《何事停袭事》，《清代武定彝族那氏土司档案史料汇编》第10页。
② 《凤公世系记》摩崖，民国《禄劝县志》卷12《杂异志·古迹》。

区的雅称。从摩崖的恢宏、形式的壮丽、文字的流畅、落款的讲究来看，此时的那家已相当气魄，而且富于风雅。崖下有些旧用方石条石散落，似为当年建立亭阁道桥的部件。据村民讲述，当年土司在坝塘周围建有多处亭阁庙宇，喜年亭是景色最秀丽的一处。土司及其家人常到此处观赏、垂钓。

（2）长坝塘与绿柳堤摩崖

在万德东南约两公里的山腰上，分布着四个相连的居民点，各有村名，自北而南而东，依次名为营上、万宗铺、长坝塘、慕底黑（木的亨），总名称"万宗铺"。万宗铺是彝称，"万（宛）"汉意"猪"，"宗铺"汉意"发展"，全意"繁殖猪的地方"。"营上"是汉称，彝称"马约贺"。"马"汉意"兵"，全意"驻兵的地方"。长坝塘是汉称，彝称"黑合戛"，"黑"应读"亨"音，汉意"水塘"，"黑合戛"汉意"长形的坝塘"，故称"长坝塘"。慕底黑亦写作"木的亨"，是彝称，"慕"汉意"马"，"底"汉意"洗""泡"，"慕底黑"汉意"泡马的水塘"，故称"泡马塘"或"马泡塘"，不过此等汉称用者极少。此坝塘所以有这样的名称，是因为其旁有土司所建马厩，土司家用马都是在此塘边洗刷或阉割。长坝塘西岸山坡上的居民渐多，形成村落；慕底黑东边也渐有住户，形成小村，都因坝塘名而名村。在万宗铺和营上的东南面，也有一坝塘，比长坝塘和慕底黑两个坝塘还要大两倍以上，是乾隆时始建。三个坝塘如同串珠，其方向与四个小村的方向大致平行。三个坝塘的蓄水主要是饮用和灌溉农田。

长坝塘在三塘中最为秀丽，坝塘长方形，东西向，依山崖开成，林木葱郁，岸边水草茂盛，与山崖相对，筑有长堤，绿柳垂丝，迎风袅娜，往往使游人心旷神怡，乐而忘返。在长堤下水塘边，有一方形巨石矗立水中，露出水面部分，高、长均在6米以上，宽5米以上，五面均加工使平整，底部深入水中。巨石东面有铭文曰：

　　　　此池中
　　　　绿柳堤成
　　　　自
　　　　大清康熙贰
　　　　拾陆年丁
　　　　卯仲秋穀
　　　　旦

共7行22字,字直书,阴刻,正楷,左行,每字约有20厘米见方,颜体庄重,排列错落有致。巨石的西面有铭文曰:

> 北万得池
>
> 中有戒□
>
> 许渡剠□
>
> 木船

共4行14字,字体与东面者相类。"北万得池"即"北万德池",大约是此坝塘的初名。喜年亭摩崖和绿柳堤摩崖的发现,为我们推定慕连土司那氏迁来万德的年代有十分重要的意义。

(3)观音寺与石雕艺术

在万德到万宗铺的路边北侧,有一观音寺,坐北向南,四方庭院,天井约有100平方米。正殿坐东向西,南北配殿和西面殿堂均为青砖砌墙,石墙基,殿堂高大,各殿均塑有神像。万德地区盛产大理石,这里的石雕艺术已有悠久的历史。观音寺中的石雕是万德现存石雕的一个宝库。此寺约建于清代咸丰年间,全部石雕约刻成于此时。1958年12月我第一次访问此庙时,正殿悬有匾额,殿门漆柱挂有木制楹联,为女代办那沙氏敬献。墙基用长方石雕成,石边由莲花瓣连续雕成。柱础巨大,形如墩鼓,遍雕云龙、莲花。门前丹墀约长2米,宽1米,中间镂孔雕刻形象生动的五龙戏珠图,这是观音权威的象征,也是慕连土司那氏权威的象征。可是1983年3月18日我再访此观音寺时,此寺已改作万德中学的教室、办公室和饭厅、厨房,还有教员和学生宿舍。上述丹墀仍在原处,可是五龙戏珠已全部被砸碎丢弃,所剩下的只有伤痕斑斑的四框。据盛校长介绍,这是在"文化大革命"中"破四旧"的结果。我与陪同的朋友及在场师生听后无不酸鼻。我这次来万德,有三天在万德中学用餐,利用这一时间对尚存石刻进行了仔细观察。目前大部分石刻被学校集中,用于在校院中砌成巨大的花坛。花坛正方形,石刻画面向外,四面皆以刻石三层垒起,距地面高达1.5米。主要图像有多种形式的镂孔二龙戏珠、深浮雕龙柱、雌雄石狮、辟邪、麒麟、天禄、双凤朝阳、神话人物等。构思精巧,造型生动,是彝族地区难得的保存完善的古代石雕艺术精品。[①]我建议县文化馆摄影师熊美亮同志将这些石刻中的最有代表性的画面拍照存档并出版,也建议校方多加保护。我回北京

---

① 参看杨忠、熊美亮编:《万德石雕艺术》,收有张传玺拍摄的"文化大革命"前殿丹墀照片。

后,即将珍藏之五龙戏珠石刻照片翻拍,这是我1958年亲自拍摄的一张照片,寄给熊美亮,请他翻拍之后,寄给武定县文化馆、档案局、万德区政府、万德中学等处,建议存档备查。后来万德出了一本石刻小册子,印有由殿门前的丹陛一页,两个同大的丹陛,一坏,是"文化大革命"中破坏的;一好,注明"北大教授张传玺的照片翻刻",很有意义。

(四)万德《慕连土署平面图》复绘,万德慕连土署建立之由来

1958年12月,我们调查组初到万德,即住在土署的文书室。土署就是土司衙门,简称土衙或土署。文书室群众叫写字室,在土署大厅之南小花厅的二楼上,是"书烛"工作的地方。书烛是彝语,汉称"师爷""老师""先生"等,就是土司的秘书,负责各种文件的起草缮写等。我们共在土司衙门住了两宿,即进驻万宗铺。随着调查工作的开展,决定请我的房东、彝族凤鹤堂大爷做指导,全面测绘慕连土司那氏在万德的衙门的平面布局,参加测绘的除我之外,还有北京大学历史系考古专业三年级女生、调查组成员姚苑真。凤鹤堂已年过六十,家庭贫农,少年时代曾上私塾数年,读过《三字经》《百家姓》《论语》《孟子》等书。汉语说得较好,还能写汉字,在群众中很受尊敬;曾在土署任过"团头"(民国时期的头人名称),记得不少有关土司的史事。因为他曾任土司衙门的"团头",前几年有官方调查人员和群众干部批斗过他。因此,他对上级派来的调查人员存有戒心。我们初到万德时,他对我们很回避,初次与他调查谈话,他很不愿意接谈。我们一直对他很尊重,称他为"大爷"。有一次我从供销社买了两小盒昆明产香烟,回万宗铺的路上给了他,他又惊又喜。从此,他的态度改变,每次遇见,总先打招呼,对我们的调查也热情帮助。1983年我再到万宗铺时,知他已于1972年病逝,我很怀念他。

(五)万德土署简介

万德土署在万德坝塘的西北,为坐东向西的一大建筑群落。1958年时,虽旧貌尚存,但已大大改观。占用土署的机构,有中共区党委、区政府、乡公所、武装部、供销社、粮食收购站、各种仓库、加工场等,各因需要,对建筑有不同程度的组合、改造。1983年我再访此处时,变化更大了。我当年住过的小花厅的院子曾用作猪圈,粉墙上的水墨加彩壁画已经褪色,曲桥之下堆满了粪垢。我这次的住处是土

署对面的一座二层大楼，是很有气魄的干部招待所。看得出，万德地区的社会经济是有很大的发展。问题是这座招待所是拆除了原土署门前的大照壁而建成的，其附属建筑已占据了土署的大门、二门。土署的前半部已难见其本来面貌了，其他房屋因需要而改建的也不少。正因为如此，我们公布此平面图就尤为必要。（参看图7）

本平面图所反映的土署的建筑，主要是那德洪、那嘉猷、那显宗、那振兴四代土司陆续兴建的，时间大约从雍正初年到道光中期，时长100余年。那么那德洪以前的建筑呢？这是因为那德洪之兄那德发任土司时，由于内争家财，外与禄劝常氏土司、环州李氏土司长期械斗，不听知府警告，还武力对抗官府，致遭知府派大兵围攻，"平城抄家，房屋尽行烧毁"，那家"母东子西，文券俱已烧尽"。[①]从这些记载看来，原有的土署大约成为一片瓦砾。那氏被革去土舍，编甲入流，那德洪虽与其长兄那德耀曾被清政府先后责令管事，但无实职，又心有余悸，"只耕读糊口，安居守分"[②]，不敢有铺张之事。只是在雍正八年以后，那德洪以军功卓著，屡获职衔，地位稳固，土署才得逐步重建。今天所能见到的规模，是至那振兴时形成的。总面积约有1万平方米，各种房屋有100余间。

土署建筑自西而东纵分为三大部分。从最西边大门外的大照壁开始，中经大门、二门、三门、大厅，直到最东边的家庙，有一中轴线。中轴线上的建筑群为中区，中区以南的建筑群为左区，以北的建筑群为右区。本图以米为单位，全部主要建筑根据实测绘制。

---

① 参看（清）檀萃：《农部琐录》卷11，《土司志·武定凤氏本末纪》，何耀华笺证本。
② 那德洪：《追缴委牌事》，《清代武定彝族那氏土司档案史料校编》第9页。

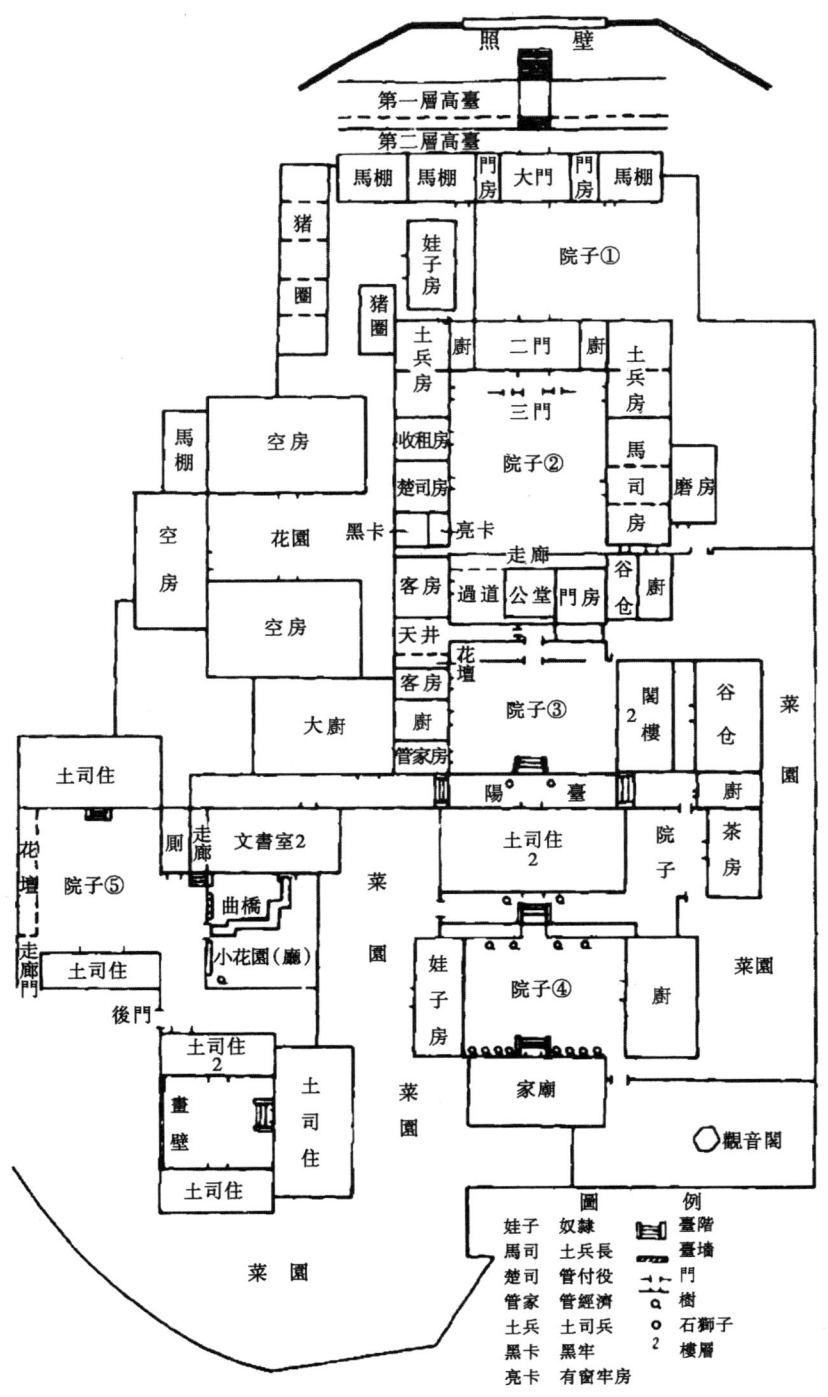

图 7　慕连土署平面图

1. 中区——政事区

照壁

群众呼为"大照壁"。其主体部分长 26.3 米,中间长 15.3 米,墙高 4 米;两端各长 5.5 米,段略低,各高 3 米。照壁两翼略呈 150° 角,向东北、东南方向延伸,各长约 19 米,即两翼共长 38 米左右。大照壁全长 64.3 米左右。壁厚 80 厘米,石基砖垛,土坯墙,墁以白石灰,壁脊两端微翘,两侧用小瓦盖顶,各出 80 厘米的厦檐。

大门、二门、三门

自照壁至大门,为 13.75 米,大门前有石阶多层,宽 4 米。群众称土署的大门、二门、三门为"三道栅子门"。大门高大雄伟宽敞,两扇门黑漆光亮,重厚敦庄,门上高悬宽大的匾额,横书左行"世笃忠贞"四大金字。其上正中刻有方形满汉文"武定直隶州印"。上首直书"钦加三品衔特授开化府武定直隶小州正堂加五级纪录十次郭",下首直书两行:

　　世袭慕连土州同那靖保立
　　光绪三年七月　　　穀旦

大门两耳房为守卫、传达用房,亦为小管家和役使人食宿之处。小管家职司土署中的生活事务,如管理仓库、什物的出入账目等。

大门内为一宽大庭院,深 12 米,宽 21 米,灰砖铺地,内里即二门。二门也很高大,其上高悬匾额,横书左行"锦节安边"四大金字。下首直书四行:

　　云南省武定直隶州世袭慕连土署
　　钦加敬赠正五品顶戴
　　给慕连乡军功六品那振兴立
　　道光六年九月　穀旦。

二门两侧有厨房等,为杂役、土练膳食之处。

二门与三门间隔一小庭院,宽 5.4 米。三门分正门和左右旁门。正门小于二门,不常开,出入走旁门。三门上亦悬钦赐匾额,文曰:世国忠良。是同治时期皇帝赐给那康保的。

三门内的庭院深 12 米,宽 10 米,方砖铺地,间隔一 2.1 米宽之走廊,到大厅前门，大厅俗称问案处或大堂。大堂门上高悬同治皇帝钦赐给那沙氏的匾额，文曰："巾帼丈夫。"那沙氏就是土司那仁安之母，慕连土司代办。后两匾额的形制与前两匾额基本相同。大堂是土司办公、审案之处。大堂右首有房数间，为马司办公和食宿之处。此外，还有其他有关人员办公和食宿之所。大厅的左首有数间房，中间的为楚司和团头的办公、宿住之所。楚司，彝语，"派夫的人"，主管催租、派夫等外勤。团头是土司辖区分为若干分团的分片（团）管理人，轮流到土署值班听差。楚司住房隔壁，为土署的监狱，彝语叫黑卡、亮卡。"黑卡"是重犯监狱，铁门无窗，卡内很黑，缺少光线；"亮卡"是有窗监狱，犯人都是轻罪犯或因民事案而临时拘留者。此处还有"女牢"，不常置，在卡房旁临时间隔一角使用。此所谓"三卡"。黑卡管制很严，有土练看守；亮卡是拘留性质，管制不严格。

由大厅后之角门穿过3米宽的过道，进入后院。后院进深11米，宽10米，方砖铺地。再后，有台阶宽2.8米，高0.8米，横过宽2米的走廊，即为土司居室，这是一座较高大的二层楼房，下石上砖到顶，屋顶用小瓦覆盖，厦檐翘脊。一层分三间，一明两暗，木壁间隔。此楼最后的主人即著名的女土司那安和清，她在这里宿住五十余年，所用之红木梳妆台等至今还在室内，是一件很好的工艺品。此楼之右厢也是一座二层楼，曾为那安和清之女那桂芳（锦云）用作闺房，比较简朴，墙柱略有粉饰。左厢主要是近亲客人的临时住房，还有管家住室及土司专用厨房等。

土司居室楼后，由后门进入后院，即最东的院落，为家庙所在。家庙亦称"祖宗堂"。后院10米见方，方砖铺地，后为家庙。家庙共三大间，石墙基，灰砖砌墙，小瓦出厦。红漆门窗梁柱。《清朝文献通考》卷124《群庙考》六《品官家庙》："立家庙于居室之东。……四品至七品官，庙三间，中为堂，左右为夹室，为房阶三级，东西庑各一间。"那氏家庙合于制度。现家庙堂室均空，唯庙前尚存一支柱石，呈方柱形，高1米，上下各有一方孔，上孔之下有捆绳槽，此为拴捆火把柱之用者。原为一对，今尚存此一支。彝族的火把节是每年的6月24日。土司家过三天，即从24日到26日。火把高2.5丈，火把杆2.1丈，火把头4尺，火把头分12层，用白柴扎成，象征12个月，其尖端处用松明子扎成，在家庙前点火把，表示祈求五谷丰登，合家平安。家庙院中原有巨形铜钟一口，通高80厘米，下口直径40厘米，双螭纽，纹饰分上下两截，上截四面各有一大字，合为"祝国祈年"。另有上下通行小字，为"大清乾隆拾壹年孟夏月吉旦制"。还有捐助者名单，可辨识者有"卑峨、厦渴、厦惠、阿吸、阿索"等，其他已模糊不清，但可确定有彝族人，亦有汉族人。此铜钟今悬在万德中学校园的树上,用以报时。乾隆十一年(1746年)是土司那德洪去世的第二年,也是其子那嘉猷继承父职承管慕连的第二年。此钟是那氏土署所遗文物的最早者之一,也是最有历史价值的文物之一。

家庙右侧有一很大的院落,中有一古雅的六角观音阁,为家庙的点缀性建筑,亦为土司家族休憩消闲之处。

2. 左区——起居区

左区为土司和家人生活之区,为一庞大的建筑群,是几代土司不断扩建而成。可分为前后两大部分。

其前部在中轴线之大门与二门之左,为厩圈区,这里专用于养马、养猪,储存车马用具,及居住与车马饲养有关的夫役人员等。都有砖砌高墙,与内部庭院隔开,自成一统,有专职管家照料。

自三门至家庙一线之左,为土司家人的主要生活区,以土司居室之左更为重要。如小花厅,又称花园,三面粉墙上都有山水、人物、鸟兽等巨幅国画,洞月门两侧有草书汉字对联,曲桥用双排大条石铺成,两边都有护栏,用石柱雕成,每柱上蹲一小石狮,雕工精巧,栩栩如生。院内古木参天,花草宜人。我曾住过的文书室就在此院中。

小花厅的东面有一处院落,是土司的居处之一,也用于办公、休息。清朝后期那康保任土司时,常在这里生活。院内也是草木葱茏,诗画满墙。那康保退职后,就在此处颐养余年。据我考察,同治八年(1869年)重录那振兴撰《传家实绩承先启后赋》所张挂之"静斋",当是那康保的居室之雅称,也是他的字号。在小花厅之左还有一处庭院,其建筑布置与"静斋"相似,有花坛、画(花)壁。因更宽敞,土司的妻妾和子女多居于此。

小花厅之前还有一大花厅,也叫大花园,庭院比小花厅略大,三面的居室都很宽敞。这些居室主要用于接待客人,在土司隆盛时期经常高朋满座,甚是热闹。民国以后,土司日见式微,这里也门可罗雀,长期闲置。

3. 右区——奴仆区

右区为土署中的长佃奴仆生活劳作之区。有碓磨房,为粮食加工之处。有粮仓、茶房、酱菜制作处、酒醋贮藏室,还有大大小小的厨房等。

土署的东部(后面)有一片很大的菜园区,原是花园,其中树木花草茂盛,亦种些果菜之类。清朝末年，才以种菜为主。

据文献记载和群众反映，在土署的后面有一座文昌宫，内建魁星阁，内供奉魁星。据说此魁星与铜钟是那德洪从北京买来的。大约在咸丰年间，因失火将魁星阁焚毁，文昌宫亦受损，后未修复，逐渐倾颓。今已无遗迹可寻。我怀疑此建筑大约在六角观音阁附近。

（六）兰启裔群墓神道碑

兰启裔，彝语，意为"洗手的水"。后为地名，汉名"滑石板"，不知因何有此地名。我判断，可能原作"花石板"，因这里的墓地上有许多画像石而得名。在能睦窝有一那氏土舍家族墓地，亦有画像石，群众名其地为"大花坟"，意义类似。后来讹"花石"为"滑石"，因而有"滑石板"之名。以这里为墓地是那氏最有文化修养的土司那德洪所为，时间约在乾隆初年。《那德洪神道碑》记述他初到此处时之赞美心情曰："公倾而悠然曰：美哉景乎！信可游矣！百岁后得归寄此，何快如之！"就决定以此为寿域。墓地现存范围约有4000平方米，有墓六座，均西向，墓区原有围墙，用石块垒成，今已倒坍。墓地上尚存有石标杆两支，间距约50米，南北对峙，形状类似烛台，高约4米。标杆中间偏上有覆斗形方石，类似烛台的台盘，覆斗的每面，上宽50厘米，下宽40厘米，高30厘米，各有浮雕，内容为神话故事，土司生活，唢呐乐队，武斗场面等。最早的墓是乾隆四年（1739年）那德洪生前的预建墓；最晚的墓是光绪三十四年（1908年）那靖保的墓。这里除一无名冢外，其他墓都有汉文碑或彝文碑，有的还有多幅画像石、石狮子、石标杆等，都有很高的史料价值。

1.那德洪墓神道碑

那德洪墓在墓区南部，地位显著，坟墓最大，有神道碑三幢，碑楼建筑壮丽。碑文录下：

中（正楷直书）：

已山亥向兼巽乾巳亥分金

皇清待诰授文林郎[①]贡士那公讳德洪寿墓

乾隆四年岁次己未桂月榖旦立

---

① 文林郎，明清正七品之文散官阶。

左（墓志，直书，左行，以楷为主，兼有行草，23行，满行40字）：

普翁那老年台先生寿墓志

公讳德洪，字普及，姓那氏，滇之世家也。自宋世为罗婺部长。① 元改授武定路长，世袭加万户侯，兼北路土司总管。② 升云南行中书省参政，③ 晋八百司元帅。④ 明，改授武定府知府，世袭屡诰中顺大夫，⑤ 敕升布政司参政，赐姓凤。⑥ 嘉靖间，族人有事，株连停袭。⑦ 万历间，□公之曾祖以功授和曲十马掌（长）官司，赐姓那。⑧ □本朝，公之祖称备，以府库生袭土职，文行足表士林。□公未袭。仁厚明敏，博学孝友，沉毅有大志。□雍正八年，乌蒙乱，⑨ 公纠遣乡兵，助征有功，待袭。乾隆元年，□覃恩□例袭土职。□公力辞，嚣然曰："吾乐山水，诗书启后，岂无正途可报□国恩乎？"夫荣利所在，人如附膻，□公独恬退。盖无欲则刚直、忠义、勇功，小试辄效也。其乡鲜知汉语，□上台委□公征国赋，民得安宁。历年倡各村立社仓，多捐谷石，任民籴籴，旱涝无患。正己率物，用夏变夷，渐知礼义。间有争讼，数言劝息，无不心折，素行足以动人也。

家有二塾，延师广集夷童秀者，朝夕勉学。凡束脩、书籍、笔札、食用，皆给之，入泮应试者渐多矣。又虑远村不能就学，率

---

① 宋世为罗婺部长：乌蛮后阿而，宋孝宗淳熙间，为大理段氏举为罗武部长，罗武为三十七部之一。武亦作婺。
② 阿而第四代孙矣格降元受封之官，北路为本部、仁得、于矢三郡，矣格总管之。"土司总管"亦作"土官总管"。
③ 阿而第七代孙安慈授武德将军，升云南行中书省参政。
④ 阿而第八代孙弄积，一名三保奴，袭土官总管，从征八百大甸，有功，升兼管八百司元帅。
⑤ 商胜，弄积妻，明洪武十五年（1382年）降明，颁降世袭诰命，授中顺大夫、武定军民府土官知府。
⑥ 阿英，弄积曾孙，袭土官知府，弘治元年（1488年）奉命更同姓凤，钦升中宪大夫。弘治十三年（1500），从征竹子箐、梁王山，以功升亚中大夫。弘治一五年（1502年），从征贵州普安，以功升云南布政司右参政。正德二年（1507年），从征师宗州，再立军功，钦赐"尽心报国"玉带一具。正德六年（1511年），卒于官。
⑦ 嘉靖七年（1528年），土知府凤昭之叔凤朝文拥兵反叛，陷禄劝、武定，与寻甸土司联兵攻昆明，云南大震。凤朝文事平，朝文养子凤继祖又叛，事平，改土归流。
⑧ 在武定府改土归流时，原土知府凤阿英之弟凤阿改之孙凤拔蒙云南巡抚邹应龙任为"和曲州土舍"，以把守金沙江。其子凤者峨袭职，讳凤，改姓那氏。"掌官司"当作"长官司"。
⑨ 云贵总督鄂尔泰平乌蒙时，曾调那德洪率土练从征。

乡人建学置田，广教训，不惜多费。□朱太守旌以"倡义育才"之匾，建魁星楼、文昌宫，①翚飞耀日，丕振文风，不啻鸿蒙初辟也。生平好义，乡人婚丧疾苦者，曲为周济。四方知交，俱有赠遗，称贷负者不迫也。其他隐德懿行，难更供数。予与□公相交数稔，知其为人，撮志者，共见共闻事也。然予因之有感矣。以□公才德，文武兼擅，倘得时而驾，则翼亮□圣主，霖雨苍生，一世福星也。天何使之沦落深山，不得一展素抱耶？岂能笃生，不能致用耶？抑有待耶？□公年四十有五，每登皋舒啸，临流咏歌，乐天观化，见一佳地千峰献翠，万壑生霞，古树留春，鸟歌兽舞，金沙一带，曲抱云间，一蓬莱阁苑也。□公倾然而悠然曰："美哉景乎！信可游矣！百岁后得归寄此，何快如之。"于是鸠工伐石，造一寿域。□公令嗣嘉猷，府庠彦也，②英恣卓越，③为学有志。从予游，请以□公之实迹勒诸珉，世为子孙楷范。予不文，义不得辞。爰濡笔乐叙其大概。□公方得□诏金门，④他日硕德崇勋，标旗常铭，日载国史，必有振耀于天下、后世者，非予之所能蠡测也。是为志。

乾隆四年岁次己未桂月吉旦
古晟乡进士拣选知县年家眷弟李鸿业拜手撰
云峰岁进士候选外翰年家眷弟赵世昌拜手书

右（铭，直书，左行）：

训后文

自古垂训后裔者，或创业，或守成，世道人心，物情事变，备历艰苦，洞悉几微⑤，确见其理。如日月经天，江河行地，非时数之所能迁移也。故世世守之，可以淑身⑥，可以治家，可以经国，岂偶然哉？予学浅才疏，虽不能吐辞为经，然于身世之事，甘苦备尝⑦。特拣数条，为子孙模范。

---

① 魁星楼、文昌宫在万德土署东院，清末已毁。
② 那嘉猷以廪生捐贡生，后袭父职，承管慕连，办公纳粮。
③ 英恣：当作"英姿"。
④ 金门：金马门之省称。犹言在金马门，候皇帝诏命。
⑤ 几微：细微。几，隐微，细微。《易·系辞》上："圣人之所以极深而研几也。"
⑥ 淑身，当作"修身"。
⑦ 指康熙五十三年（1714年），那德洪兄那德发任土舍时，内与其长兄那德耀争财，外与禄劝土司常氏、环洲土司李氏构衅，长期械斗，不听知府劝告，致被官军剿家，革除土舍，改土归流，那氏一度破败。

果能铭心刻骨,佩服不忘①,则瓜瓞绵绵②,昌炽盛大矣!所宜世守者,胪列于左:

—敦伦纪	—端品行	—睦亲族	—择交游
—勤稼穑	—道圣学	—崇信义	—爱人物
—释怨忿	—修堰塘	—读经史	—守礼法
—远谗谀	—戒酒色	—务牧养	—敬师长
—慎言动	—黜异端	—禁游猎	—培果木
—正心术	—积德善	—尚节俭	—习医理

德洪(印)

2. 那嘉猷墓神道碑

那嘉猷是那德洪之子,那氏第七代第九位土司,以廪生袭职,墓在墓区的最北边,封土高大。神道碑原为三幢,汉文碑已残毁,文字剥落。尚存文字直书,文曰:

	左腾云		毕州	
清乾隆二十一年二月二十二日巳时	杨 鼎 婿	□外孙	□□ 毕成	同上
	毕世英			
	周世昌		阿栽	

另有一幢彝文碑保存完好,碑楼的修造也很壮丽。

那嘉猷死于乾隆二十五年(1760年)三月十七日,此墓和神道碑均是生前预建。立碑者为四女婿及四外孙,在文献和调查中,均无考。但知有一女,为妻安氏所生,嫁与四川普隆土司沙家,此碑未题名,似费解。其长子那显宗于时尚未出世(生于乾隆二十三年,1758年),碑上无名固当。

3. 那显宗墓神道碑与画像石

那显宗是那嘉猷之子,那氏第八代第十位土司。于乾隆二十七年(1762年)袭职,时年五岁。他为妾大申氏所生,袭职后由主母安氏抚养管事。于嘉庆十七年(1812年)八月初三日去世,享年五十五岁。

---

① 佩服:永记不忘。古人把饰物与衣服连结在一起,称为"佩服",表示在身不忘之意。
② 瓜瓞(dié 碟)绵绵:瓜一代接一代生长。比喻子孙繁盛。《诗·大雅·绵》:"绵绵瓜瓞,民之初生,自土沮漆。"疏:"大者曰瓜,小者曰瓞。"

墓在墓区中央偏南，封土高大。神道碑三幢，汉文碑已坏，无文字可查考；左为彝文碑，保存完好。其左为妾二傅氏墓，右为妾张氏墓，估计那显宗墓为他本人与其妻那沙氏的合葬墓。三碑两旁各镶有巨大的石刻画像，每一石均有1米见方。右石已丢失。左石边宽10厘米，内用浮雕技法雕成土司出行图，上为旗牌伞扇，下为车马执事。执事彝名"那木拉苟"，汉名皂隶，或叫"抬轿的人"。这些人来自"奴仆村"，主要是支卧、尼拉沟、更德三村。前二村为甘彝居地，甘彝由江北凉山地区迁来。后一村为傈僳族居地。还有奴仆村甲腊沟、万宗铺，专为土司家守灵。万拉、上普黑、罗能、一都摩等十个小村，专充土司家红白事时的杂役，这些村多为黑彝村，也居有少数甘彝。

4. 那二傅氏墓神道碑

那二傅氏是那显宗九妾之一，位居第二，其姊为那大傅氏，居第一。墓在那显宗墓左侧。神道碑三幢，中幢已缺，右幢文曰：

> 生于乾隆三十七年十二月二十六日
>
> 终于道光　二十年□月□日。
>
> 道光二十二年太簇月十三日立 ①
>
> 　　孝媳那沙氏　祀孙　仁安

那显宗之妻那沙氏与丈夫不合，曾在那显宗死前去母家沾益十七年不归，那显宗死后两月才回。大傅氏、二傅氏虽为妾，但长期主持家务，在那家的地位很高。那显宗死后，以能睦窝（新衙门）那振兴为嗣子。过继后，那沙氏与振兴长期不睦，以后不知所终，乃由两傅氏持家。此碑为媳那沙氏所立，此那沙氏为那振兴妻，江北普隆土司之女。婚后生长子仁安，次子仁勇。那振兴未在碑上题名，证明已去世。次子那仁勇亦未见题名，大约也已死。那振兴《赏准宽限事》："（道光十一年正月）十七日，嗣母傅氏同次子仁勇偶染头晕、心慌、忽冷忽热病症，现在延医调治。" ②此傅氏即大傅氏。大约不久，她与次孙仁勇都去世了。

5. 那张氏墓神道碑

那张氏是那显宗第三妾。墓在那显宗右侧。那张氏与二位傅氏共同持家。她是

---

① 太簇：正月的别名。簇，亦作蔟。《吕氏春秋·音律》："太蔟之月，阳气始生，草木皆动。"注："太蔟，正月。"

② 《清代武定彝族那氏土司档案史料校编》第18页。

昆明汉人。这时那家多事，常打官司，主要依靠那张氏到武定、昆明奔走，所以她在那家的地位较高。

那张氏墓神道碑三幢并列，文字都完好无缺。碑楼高大，碑文录下：

中（正楷直书）：

乙山辛向兼卯酉分金

皇清待赠乡评□贤淑显妣□张太君孺人之墓

嘉庆二十五年十一月初三日承嗣男那振兴

      媳 沙氏 同立

      孙 仁寿

     孝女 秀珍

        七珍

左（墓志，直书，左行，楷书）：

张氏二妹墓志铭

尝闻命之修短有数，人之富贵在天。惟氏等与贤妹同事□夫主，幼生暮连，未习妇道。长而匹配那门，三从娴闻，四德顾习。是以侍奉□公婆，寝而问安，饥而进食，无所稍懈，慎终尽礼，媳事俱备。及□夫主五十无嗣，劝□夫娶妻，已生二子，命运乖舛，天花散失。[①]夫君欲结成疾，寿享五八，[②]疾终无嗣。贤妹同氏等不忍禁那门血食二未艾，[③]控立承继，辛苦备尝。[④]正冀贤妹与氏等共守松筠节操，同享天年岁月，不属那门之名楣。孰料归宅料理家务，氏等候结官事，竟染疾成疴，[⑤]魂游瑶池。[⑥]一闻理幽，氏等泪洒胸怀，感叹情深，生离隔面，死别同梦。冀日继立成名，墓顶焚黄，[⑦]紫诰荣封，[⑧]贤妹自必生而为英，死而为灵也。于是为序。

---

① 天花：雪花。天花散失，喻二子夭亡。
② 五八：当作"五五。"
③ 血食：此言祭祖。古时杀牲取血，用以祭祀，故名。
④ 控立承继：为那昌祖争嗣，那宗文反对立那振兴为嗣，那沙氏又要废掉那振兴另立嗣，连年打官司。
⑤ 柯：当作"疴"，病。《说文解字·疒部》："疴，病也。"
⑥ 瑶池：古代神话中西王母所居之处。
⑦ 焚黄：即"焚香"，祭祀。
⑧ 紫诰：诏书以锦囊盛。紫泥封锦囊的口，加印章，后因称皇帝诏令为紫诰。

嘉庆二十五年十一月初三日榖旦

姐大傅氏□二傅氏叙

右（墓志，直书，左行，楷书）：

三母墓志铭

（缺）

想□母亲身遭不幸，享年三十有五，遇□父身故，则日夜辗转。欲择那族之一人，以继其香烟，则春秋无乏拜扫。① 未立儿之先，欲瞬息以继承嗣；既立儿之后，欲共处以安天年。谁意母子命运颠来，一旦控告在案，至省至州，萍踪无定。② 嗟呼！自□母亲有生以来，未曾稍受日雨之苦；自立儿之后，受尽风霜之楚，则存亡即在于旦夕。久飘泊于乡外，弗得归故土，以整家风，以致家务浪荡，是以母张。母子商议，叩请□母亲归乡料理，冀家道之兴隆，俾夷众之得所。③ 克勤克俭，寸心恒见于一乡。④ 复训儿曰："汝□父生平正直，衣冠尊其瞻视，⑤ 手容必恭，足容必重。汝之为人咸效其先人之规模可也。"儿不惟得以问寝视膳，克供子职；及淑水，亦不能以慰母心，负忝所立。⑥ 忽于嘉庆二十三年十二月丙时略染微疾，于十四日子时归天。儿实深恸恨，深思莫报于万一。为子者仅约略于碑记，以是为志。

嘉庆二十五年十一月初三日榖旦

孝男□那振兴跪撰

神道碑两侧，有画像石数方，均1米见方，保存完好。其一刻有由六人组成的乐队，正在奏乐，乐器有大喇叭、唢呐、小鼓、小锣等。乐者均头戴高尖帽，身穿长袍。

---

① 春秋：一年四季。《诗•鲁颂•閟宫》："春秋匪解，享祀不忒。"言一年四季祭祀不断。
② 为过继事而发生控告，曾经武定直隶州和省各宪衙门审问判处，那张氏参与其事。
③ 夷众：亦作"彝众"，即彝族人。
④ 乡：慕连乡。
⑤ 衣冠：缙绅、士大夫。
⑥ 负忝：有愧，羞辱。《诗•小雅•小宛》："夙兴夜寐，毋忝尔所生。"这里是说有愧于那张氏对他立嗣之心。

据调查，乐者均来自奴仆村，高尖帽为竹编，长袍为深红色，长到膝盖。乐队前还有人耍五哨鞭，彝语叫"拔牙"。古亨铺、支卧等村的甘彝至今很熟悉这些情况。乐队上刻有双凤衔宝，画面约占刻石的一半以上，双凤相向，各衔绶带，中系菱形宝物，各展双翼，两凤尾如行云相聚。墓前原有石狮子一对，今只存一只，其位置已搬动。石狮通高1米多，基座30厘米，狮身80厘米，长80厘米，保存尚完好，唯左肢已残。此狮面微向左，当居于右侧，为母狮。与左肢同时被毁的，当是一只可爱的小石狮。

6. 那靖保与那安和清墓神道碑

那靖保是那仁安的次子，袭兄职，为土司。生于咸丰八年（1858年），死于光绪三十四年（1908年），初葬别处，后迁葬于本墓区南边，与第六妻（妾）那安和清同穴。神道碑为1949年所立。

封土高大，神道碑三幢，中、右两幢已缺。左幢为墓志铭，正楷、直书、左行，其妻弟安建勋撰。文曰：

那公珊瑚与夫人安氏墓志铭

那公珊瑚既殁之四十二年，其夫人安氏率子维新①、女锦云，始克表于其阡，嘱勋为埋幽之文。勋与那家有世谊之交，敢以不文辞？谨按状：那公讳靖保，字珊瑚，武定人也。考那姓，《左传·庄公十八年》：武王克权（楚属），迁于那，因以为姓焉。②历各朝代至明清时，凡有番苗瑶蛮之地，说（悦）土官世掌以宣抚之。那之先人遥领有武定茂连地方，为土同知③，世袭其职，已数十传。那公生而聪颖，学粹行优，弱冠登科，补博士弟子员。方将成年，诰袭土司之职。云南土司对待土民，恒多类似奴隶。惟那土司则不然，设学校以教育其子弟，编练保甲，清查户口，以防匪患；提倡农家副业，以增生产，佃民所交租谷，从未计较多寡。感公德意，至今称道弗衰。于光绪三十四年八月十七日寅时卒于家，葬于茂连兰启裔之原，距生于咸丰五年五月九日巳时，春秋五十一岁。④其

---

① 时那维新已去世。
② 《左传·庄公十八年》："初，楚武王克权，使斗缗尹之。以叛，围而杀之，迁权于那处。使阎敖尹之。"杜注："那处，楚地，南郡编县东南有那口城。"
③ 土同知：误，当作"土州同"。
④ 关于那靖保的年龄，碑文与传说均为"五十一岁"。但据碑文所载生年与卒年推算，不是"五十一岁"，而是"五十四岁"。"咸丰五年"当是"八年"之误。

德配夫人安氏，于十六岁于归夫家①，共享天伦之乐。二十二岁，生女锦云，年幼蒙稚；生子维新，尚在月福之中②，即裂藕破镜，节守冰霜之志。然以操持家道，养卫地方之佃民，劬育子女，尽效国家之义务。生平之间，兴家立业，创举百端大事，光耀门闾。遭遇万般措折③，可谓裙钗之将士也。

（下转右幢，缺）

神道碑两旁有巨幅浮雕画像石，保存基本完好。其右一方为土司出行图。画1米见方，土司骑马，着长袍官服，头帽已被砸坏。鞍辔很讲究，马是行在山顶之上。行于马前的是一保护人员，彝语叫"马"，汉语叫"土练"。身着军装，腰围布制子弹带，右肩斜挎武装带，右肩上扛一新式步枪。土司出行，一般用苗族青年任护卫，因苗族当时以狩猎为重要生活来源，他们善于走路、登山，枪法也比较好。此画面反映的是民国时期的情况。

墓前有大理石镂孔巨型蟠龙柱一对两根，各高1米半左右。双龙戏珠，栩栩如生。这是墓区最好的艺术品。据群众说，那靖保葬21年，被盗墓，墓内有棺有椁，还有配室，像个居家。

7. 那德发墓

墓在墓区之南，与那显宗墓相对，封土中等，无碑无刻石，是一荒冢。群众说，这是那德发之墓。那德发是那德洪的二兄，第六代土司。康熙五十三年（1714年）被革除土舍，改土归流，后死去。

---

① 于归：《诗·周南·桃夭》："之子于归，宜其室家。"后世称女子出嫁为"于归"。
② 月福：生儿的第一月。传说那维新为遗腹子。
③ 措折：当作"挫折"。

第二篇　上、下十三村反土司斗争及其遗迹①

从康熙到乾隆中期，武定城和附近坝区的社会经济有较快的发展，汉人徙来者日益增多。相继出现的街市有虎街、鸡街、龙街、羊街等。②平时即有不少中小店铺经营杂货；每逢街期，各族赶街的群众、商人，近者数十里，远者数百里，前来有买有卖，人山人海，牛马成群。龙街在高桥，北临慕连土司区的下十三村，是一巨大市场。后来插甸也设街，临近插甸两条河与上十三村。坝区的土地私有制度，农民、居民直接向官府纳粮，当差的赋役制度日益对慕连土司区的这些边缘地区的各族人民产生了强烈的影响，以致不断引发他们与土司间的对抗。斗争的焦点是土地所有权的问题。土司坚持辖区内的土地，包括山水林木，都是土司的祖遗产业。烧山吃水、开荒种地者，都要给那家纳粮当差。农民、居民则坚持说：山水是大家的，田地是自己开的，应当各管各业，各当各差，与土司无关。斗争首先发生在上十三村中之个别村寨和个别居民间，后来逐渐发展为上、下十三村的全范围的反土司斗争。

上十三村在昔卡支河流域。上十三村为大法块、芬多、大西邑、发窝、卡渣、盛平、坝七、多法块、多列、花园、大永西、马衣迷、老旃。此外，还有自期、盛祖、山平、龙坝、石沟、七棵树、拉苏都、半庆、水撒等小村，也归入上十三村范围。咸丰时期，这一地区有各族人口六百余户。

首先发动反土司斗争并要求脱离土司统治的是芬多和大法块两村的村民，为首的两人是芬多村的富如山和大法块之上村的厦则。富如山是黑彝，通汉语，有文化，是地主兼商人，与土司那氏有亲戚关系。厦则也是黑彝，姓张，是农民，斗争坚决。他们初在武定州告状，又告到省，最后于乾隆五十三年告到北京，通过步军统领衙

---

① 本篇内容完成于1959年3月，当时，作者所在的"民族调查组"正在万德区万宗铺村进行民族调查，昆明大组（省级）召开工作汇报会，作者所在调查组应召前往昆明。

② 各街街期按十二属相排列，因以街期日为名。

门①，将状纸一直送到乾隆皇帝面前。乾隆五十七年（1792年）二月，皇帝命湖南巡抚姜晟为钦差大臣，前往昆明，会同云南督抚审办此案。②四月"十五日，审明结案，各照断给"③。富如山、厦则胜诉，大法块（上村属之）、芬多、盛祖三村脱离土司的统治。

上十三村第二次反土司斗争发生在嘉庆时，起因是多志里"土舍"那氏侵占了上十三村之一的大西邑村的一块土地，引起了大西邑村民的反对。村民推举汉族地主钱国宝和申玉贵为首领，一面组织村民武装反抗土司的镇压，一面到武定直隶州知州衙门告状。继之发窝、卡渣、盛平、施多、自期、大永西等村与大西邑联合，共同反对土司，后得知州支持，这些村同时脱离了慕连土司的统治。

上十三村第三次反土司斗争发生在第二次反土司斗争结束不久。为首的是坝七村黑彝地主朱先甲，参加斗争的村寨有坝七、多法块、多列。他们也是一边武装斗争，一边派代表到武定州告状，后来也取得了胜利。至此时，上十三村全部脱离慕连土司的统治，划入插甸境。

下十三村在勐果河上游大响水河流域，主要村寨有萨波查、泥夏古、阿背卡、米所拉、刀农、他那窝、集体、树沟、榨拉、高姑拉、马房清、木竹太、更壮拉等，还有一些很小的居民点。咸丰年间，那土司家有头人到高姑拉勒索村民，遭到村民痛打，从此引发了下十三村要求脱离那土司统治的斗争，为首的是高姑拉汉族秀才李和清。当时，那沙氏代办掌权，调动辖区内一千余名青壮年为土兵，动用了土枪、土炮、洋枪、洋炮，大规模地向下十三村进攻。下十三村得到龙街、羊街、上十三村的支持，以千余武装打败那沙氏。武定知州批准，下十三村脱离那土司的统治，划入高桥境。

我们调查组在万德进行调查时，已了解到上、下十三村反土司斗争的一些情况。1959年2月中旬，我组撤回昆明时，我与张元庆同志离开大队往访上十三村，历时17、18两日。访问了一些老人和厦则的后裔，所见主要遗迹如下。

1. 富如山记事碑

碑在上十三村芬多村，碑文节录如下：

---

① 步军统领：官名。清代提督九门巡捕五营步军统领的简称。掌管京师正阳等九门内外的守卫巡警等职，通称九门提督。
② 《清实录》卷1396，《高宗实录》，第26册，第747页，北京：中华书局，2008年。
③ 手录《富如山记事碑》铭文。记事时间与下页注②有差异。

（前略）余自先祖同那德洪乃姨表至亲，居□老□，自备血本，开得那姓相送之荒地，内水田三十亩，陆地三十四亩，自行首报升科，请领印照。及先祖升天之后，于乾隆三十六年（1771年），尽被那显宗霸夺，并家人牲物，尽掳一空。……乾隆五十三年（1788年）……具呈上控，自州、府，以至各宪①，无处不经。彼时那氏财势两充，接年不分泾渭。余忿不畏死，赴京叩阍②。幸蒙钦命和、书二大臣会审，又差姜、广二大人于五八年二月初六日自京起程，同年三月二十八日跟随抵滇。③……四月初五日，会同督、抚以及司、道府、州、县员④，十五日审明结案，各照断给，似有拨云见天之日矣！可惨者，离他乡而妻丧，居客地而女亡。……至五十九年，□周州主丈量田亩⑤。……至嘉庆六年（1801年）二月内，……招入为子⑥，更名钱安，配杨氏为夫妇。……嘉庆十六年，复有大洗衣（大西邑）素不来往之钱国宝假姓谋产⑦……但先前祖遗并自制（置）田亩，田值千余金之故明弟兄……余自生于乾隆二十九年，受祖父教育孝恩（？）年方七岁，攻书上学。……及其旬有三岁⑧，家人尽被那姓掳凉。……

钱安即富如山镌

2. 钱门杨氏碑

碑在芬多村，碑文节录如下：

---

① 各宪：省一级主管行政、司法的各衙门。
② 阍：门，宫门。叩阍：有冤向朝廷申诉。
③ 《清实录》卷1396《高宗实录》第26册第747页：乾隆五十七年二月乙巳（1792年二月二十七日）。"论军机大臣等：步军统领衙门奏：……又据民人富如山、厦则呈控那显宗霸占伊处房地什物，历控本省各上司，俱不为审办结案。令……等不惮万里，远赴京师呈控，恐其中不无冤抑情事，自未便仍交该省督、抚查审，致滋回护，湖南距滇省较近，且现在并无紧要应办事件，着传谕姜晟于接奉谕旨后，即将巡抚印篆交与王懿德暂行护理，姜晟即迅赴云南，会同该督、抚提集犯证，秉公严审，定拟具奏。"姜大人即姜晟，广大人为刑部司员。
④ 司：布政使，按察使；道：分守道，分巡道。
⑤ 州主：武定直隶州知州，乾隆三十五年府改州。
⑥ 招入为子：入赘钱门为子，与寡妇钱门杨氏为婚。
⑦ 钱国宝：汉人，曾领导上十三村第二次反那土司斗争。
⑧ 旬：十岁。旬有三岁：十三岁。

窃维氏原夫钱门，始祖系东川法干民籍，移居武属而住分多，① 为慕连乡所折甸属，又析入撒争甸马②。其后撒争、缺章、小环、所折四甸马分公土百姓③，于康熙年间，皆寄粮于那德洪户下管理。至乾隆二十五年，□父子物故④，各甸具控亲输。氏□先翁首出请领印照管业。没逝后，原夫钱富年幼，又逢饥馑，于乾隆四十一年，将照价与村众于田心徐尔佑处赊谷度荒⑤。孰意惨遭汉奸欺夷，捏当改杜⑥。于嘉庆元年，夫钱富董领村众上下申冤，共费银七百两。彼时照虽得⑦，旧案未结明。不幸天不假年，于四十六岁竟乏嗣而舍我西游。……富如山入赘……试思民本禄劝南甫马头之女⑧。……

钱门杨氏镌

3. 李阿女神道碑

李阿女，黑彝，与厦则同为大法块上村人。与富如山、厦则共同领导上十三村第一次反那土司的斗争。其墓在上村，封土不大。有神道碑⑨，文曰：

乙山辛向

罔极深恩显考李公 讳 府君 大人之墓
　　　　　　　　妣阿女
　　　　　　　　　李氏　　　　　　　　约立

大清道光十八年三月二十四日李男阿等口孙庶卑

重孙五

---

① 东川：今云南会泽县。分多：芬多，属武定。
② 撒争甸马：即撒争甸。甸与马同义，皆为县以下彝族人占多数的政区名称，一般是武定用"甸"，禄劝用"马"。
③ 康熙五十三年（1714年），慕连乡改土归流，居民各管各业。
④ 那德洪死于乾隆十年（1745年），其子那嘉猷死于乾隆二十五年（1760年）。
⑤ 田心：村名，上十三村西南之大村，清曾在此地建营驻兵，谓之："田心营盘。"见民国《禄劝县志》卷8，《武备志》。徐尔佑，汉族地主。
⑥ 捏当改杜：假改典当契约为杜卖契约。钱富原向徐尔佑处赊谷，以田地为抵押，类似典当，为活契。徐尔佑私改为杜卖契约，即为死契，企图据此以霸占钱富的田产。
⑦ 照：执照，田地的所有权证明文件。
⑧ 南甫马头：民国《禄劝县志》卷2上《村庄》：禄劝"旧分五境、二十四马，境地则汉人占多数、马地则夷人占多数"，又曰："自清康熙五十七年平定常应运之乱，知州李廷宰改马为甲，每马立甲头钤辖。然马虽改甲，地方人仍呼马，不呼甲，故甲头亦名马头。"
⑨ "妣"与"李氏"三字是后添的。

4. 厦则墓与其他遗迹

厦则姓张，兄弟三人，二弟为厦平，三弟为厦来。我们在大法块调查时，即由厦则之兄弟之后裔张正容和生产队杨队长指导并介绍情况。

厦则墓在上村之阿则间梁子边上。张正容介绍，厦则墓地的形势是一条雄卧的黑牛，这条黑牛啃断了那土司的地脉。阿则间梁子原是大法块的公山，后属上村。厦则墓的封土不高，比一般墓稍大，无碑志。

厦则故居遗址尚存，已开为田地。厦则手植柏枞、胡桃树各一株，皆高数丈，树干均在二围以上。又在上村前有一地名"撑帐棚地"，面积约有150平方米。此地的由来：在上十三村第一次反土司斗争之后，大法块已脱离土司的统治，但那土司家常由万德到上沾良村（在下十三村东）李家走亲。在经过上村时，需要休息用餐，别无适当之处。厦则等划定此地为那土司家人休息停留之处，不得超越划定范围。又规定那土司家人要自备饮水和柴火，不得在上村范围汲水砍柴。据说，土司家人所用木柴是派人到上村北五六公里的自期村背来的。那家在此休息时，往往要撑起帐棚，遮太阳或风雨，因之此地就有"撑帐棚地"之名。厦则在彝族群众中被视为英雄，与他有关的许多传说都带有神话色彩。上述两株大树在近二百年间一直被村民视为神树，此"撑帐棚地"也一直被视为神地，长期荒置，不曾耕种。直到1957年，才开种了靠路边的下一半，1959年春，又开种了上一半。

第三篇 《禄劝常氏土司家史》相关资料汇考①

一、禄劝毕摩张文元译《禄劝常氏土司家史》②

　　皇帝三十三年刻的碑。鳳家是起初从那点来？他起初是东方黄海来。他搬来，到白马山里住。在那里住了七辈人。在白马山住的时候，做了一次大斋。从白马山搬来，到昆明石牌寺住。在石牌寺住的时候，石牌寺的石柱是鳳家打的。普箕大路的石板是他铺的，是属鸡年铺的。云南城是那个造的？不娘阿桌、杰朵阿卧他俩造的。原来打算造在普箕坝子。他拿一口犁铧来打卦，犁铧嘴嘴正对着五华山，云南城就造在五华山上。他们两个造了四十七天才造成的。刚刚造成那天，他俩个靠在城墙头上谈话，杰朵阿卧说："东方要出一窝黄蚂蚁子来了。"不娘阿桌回答阿卧说："烧锅开水就可以把黄蚂蚁烫死了。"他俩个城造完了才得住了四十七天。那时候鳳家得势啦！那时候鳳家接了一棵梨树，那棵梨树只结一个梨，那个梨有升子样大。梨的影子照在乾隆皇帝的照宝镜上。鳳家拿弩射了一箭，直射到皇帝宫中的柱子。鳳家的祖坟中埋着三斗三升小黑豆，小黑豆会眨睛了；埋在坟中的稻草变成了弩箭。乾隆皇帝知道了这几件事情。鳳家想争夺皇帝的位子，土司招了三千六百个兵。皇帝派人来调查，这些事情是鳳家搞的。皇帝派兵来杀鳳家，在云南石牌寺打了一仗，将鳳家打败了。鳳家的坟全被挖掉；土地完全被抢去了，梨树被连根拔掉啦。鳳家

---

① 本篇内容完成于1959年5月，当时，参加楚雄彝族自治州的"巫师（毕摩）思想政治学习班"的禄劝县毕摩张文元，从"老彝文经"中取其一篇译成汉文，是作者以"民族调查组"组长之名，亲自登门请译的。

② 按：这不是"禄劝钻字崖彝文碑原刻"译文，是禄劝毕摩张文元译《禄劝常氏土司家史》，很有古典彝经价值，内容可贵。张文元，毕摩（巫师），禄劝县卓干乡安多康村人，对彝文经很有修养，在楚雄、武定、禄劝等地很有名。

被皇帝撵到武定。武定有个猫跳塘，还有一个遛马场，就是凤家的遛马场。皇帝又追赶到武定，在武定又打了一仗，又打败了，凤家被撵到禄劝的克提住。凤家的兵马散了，这个碑就是在克提住时刻的。凤家说："我不死的一天，我还要转到云南石牌寺。"凤家又被撵到河外大龙潭，被撵过了金沙江，撵到建昌被捉着了。被撵到德昌，大人被杀光了，剩下三岁的一个小孩子，藏在妇女穿的裙子里，凤家所以改姓为藏（常）。

二、鳳氏世系记

宋　阿而，淳熙，平段氏，举为罗（罗武）婆部长。矣袜、阿而子，袭前部长，雄冠十七部。普得，矣袜子；矣根，普得子；俱袭父、祖部长。

元　1. 矣格，矣根子。世祖亲征，首先归附，授罗婆（罗武）万户侯。将仁德、于矢二部并本部，名为北路，升北路土官总管。

2. 郡则，一名亏则，矣格子，袭土司总管。中统年中，将仁德、于矢各立路府，为罗武路土官总管。

3. 安邦，一名阿巴，郡则子。至元七年，改三部路为武定路军民总管府，为本路府土官总管。

4. 安慈，字惠山，阿而七世孙，安邦之子，绰有武艺，授武德将军。有功，升云南行中书省参政。

5. 弄积，一名三保奴，安慈子，袭祖土官总管。有功，升兼管八百司元帅，加升亚中大夫。

明　1. 本朝商胜，弄积妻。洪武十五年克服云南。自备粮米千石于金马山，接济大军。苟先归附，朝觐行至四川泸州纳溪县，遇蒙钦给印信、金带，领受。即起谢恩。赐降世袭诰命，授中顺大夫、武定军民府土官知府。质直宽恤，夷民安业，地方宁靖。

2. 胜子海积，正妻萨周。

3. 海积弟阿宁。

4. 宁子矣本。

5. 本子金甸。

皆袭知府，俱俸诰命：授中顺大夫。

6. 阿英，字时杰，元帅弄积曾孙。袭土官知府，弘治戊申（1488年），奉命更阿姓凤。到任以来，正己爱民，勤于政务；以四德正家，一经教子；开辟四野，教民稼穑；历练武艺，弓马熟闲；当道交荐，钦升中宪大夫。母索则，赠太恭人。妻索国，赠恭人。弘治庚申，奉攻竹子箐梁王山，功升亚中大夫，加赏宝钞八表里。弘治壬戌，奉征贵州普安，丰功朝著，敕升云南布政司右参政。正德丁卯，奉征师宗州豆温乡，捷报伟绩，钦赐："尽心报国"玉带一束。正德辛未，病终于官。

7. 凤朝明，字景照，土名弄禄，参政凤英子。器宇轩昂，才气高迈。游息滇庠，涵养经史，立心正大，制行端庄。袭土官知府。正德庚辰，奉征广西府十八寨，节蒙钦赏奇功宝钞表里，请封间，卒于官。

8. 凤诏，字承恩，土名弄哲，朝明子，幼性聪敏，童养纯正。心志向上，期光于前世；行藏卓越，欲垂裕于后昆。偕妻索林，事母瞿氏，守节居孀。嘉靖丁亥，不幸遭叔朝文逆天背理，大肆谋夺。阴构寻甸叛贼安铨，攻击省城，残害无数。镇巡当道，目击异变，用是惕然。命诏母子亲写夷（彝）书，督兵昭示。此时，铨、文知非，逃命奔藏，数万贼兵，即日瓦解。招抚良善万有七千，出粟千石，给济复业；救出被掳男女五百余口，给亲完聚。武定人心自此安静，云省地方始得安平。功承父职，甫及三载，奉征蒙自、嶍峨，大收奇功。因患疹病，卒于军前。镇巡当道，大嘉生功，优恤死苦，赐银百两，遣官致祭。

旹（时）嘉靖癸巳年夏□毂旦
奉直大夫知禄劝州事、关西岷阳□徐进谨题

镌字崖石刻

在县北二十五里法宜（尼）则村①，昔凤氏专土，叙其家世官爵。摩崖数方。书刻：一方题曰：凤公世系序：自宋淳熙起，至明嘉靖癸巳②止。则禄劝州知州徐进③记也。一方题曰：《武定军民府土官知府凤□世袭脚色》，则凤英之世次履历也。一方为爨书，

---

① 法尼则：彝语意：坐落在大石前，座落在崖子前。法：大石、崖子。该村属禄劝。
② 嘉靖十二年（1533年），皇帝朱厚熜在位。
③ 徐进，陕西岷州卫人，嘉靖九年（1530年）升武定府同知（1536年）。传玺按："后升府同知，时在嘉靖十五年。"志记："吴鸿儒，贵州普安州人，嘉靖十五年任。"同之前记："秦健，广西马平县人，嘉靖七年任，死于凤朝文之难。"可能徐继任。（《同志·秋官志》，官制题名）

不可辨,疑翻译汉文而成之者也。一方题诗一章,颂鳳世守[①]之功。世守,鳳英,小字也。

又有大字题壁者几处,唯"山水之间,武溪胜景〔境〕"八字颇佳,"题名隐隐见'王元翰字'"。

(《禄劝县志》卷十二《杂异志·古迹》)[②] 明禄劝州、知州(略)

鳳家坟,在素武山下,乃鳳氏土府历代之坟也。

《……脚色记》——1958年因修水库发电,约残五十行。多少字,不清。事先已拍有照片,很清楚。禄劝县档案室收有。1981年春,我去当地实地考察过,拍有照片。有禄劝县文化科长陪同。

附:《鳳氏土官传》(《明史》卷314《云南土司传(二)》)

武定,南诏三十七部之一,宋淳熙间,大理段氏以阿历为罗婺部长。三传至矣格。当元世祖时,为北部土官总管。至元七年改武定路,置南甸县。洪武十四年,云南下,武定女土官商胜首先归附。十五年改为武定军民府,以胜署府事。十六年胜遣人来朝,贡马,诏赐胜诰命、朝服及锦币、钞锭。十七年,以和曲土官豆派为知州。二十一年发内帑,令于武定、德昌、会川诸处,市马三千匹。宣德元年(1426年),元谋县故土知县吾忠子政来朝。正德二年(1507年)四月,武定雨雹,溪水涨,决堤坏田,陨霜露杀麦。七月废武定所属之南甸县,改隶和曲州,石旧县改隶禄劝州。三年(1508年),土知府鳳英以从征功,进秩右参政,仍知府事,请赐金带,部议不可;帝以英有军功,给之。明年,英贡马谢恩,赐如例。嘉靖七年(1528年),土舍鳳朝文作乱。杀同知以下官吏,劫州印,举兵与寻甸贼安铨合犯云南府。抚臣以闻。时安铨未平,朝文复起,滇中大扰。诏以右都御史伍文定为兵部尚书,提督云、贵、川、湖军务,调四镇土汉官军讨贼。五月,黔国公沐诏勋疏言:"臣奉命会同巡抚等调发官军,分道剿抚。诸贼抗逆,执留所遣官军二人,所调集各土舍,又重自疑畏。臣谨以便宜榜示,先给冠带,待后奏请承袭,众始感奋。于二月进兵,击斩强贼十余人,贼奔回武定。乞敕部授臣方略,俾获便宜行事,并宥各土舍往罪,凡有功

---

① 世守:《明史》卷126《沐英传》:"关,故南诏筑,土酋段世守之。"
② 传玺按:"陈宗翰(书)。"

者，俱许承袭，作其敌忾之气。"帝纳之，赐敕奖励。贼既败归，其党稍散。初，朝文绐其众，谓武定知府凤诏母子已戮，朝廷且尽剿武定蛮众。至是，凤诏同其母率众自会城住，蛮民相顾错愕，咸投凤诏降。朝文计无所出，绝普渡河而走。官兵追及，复败之。朝文率家奴数人，取道沾益州，奔至东川之汤郎箐，为追兵所及，磔死。铨众犹盛，遁据寻甸故巢，列寨数十。官兵分哨夹攻之，诸寨先后破，乃并力攻拔其必古老巢。铨奔东川，入芒部，为土舍禄庆所执，贼平。是役也，生擒渠贼千余人，斩首二千九百余级，俘获男妇千二百余，抚散蛮党二万有奇，夺器械牛马无算。捷闻，铨、朝文皆枭示，籍其产，家属戍边。十六年（1537年）命土知府瞿氏掌印。初，府印自洪武以来俱掌于土官，正德间有司议以畀流官同知，土知府职专巡捕、征粮而已。及凤诏死，瞿氏以母袭子官，所辖四十七马头阿台等，数请以印属瞿氏。吏部覆言，系旧例，宜如其请，从之。四十二年（1563年），瞿氏老，举凤诏妻索林自代。比索林袭，遂失事姑礼，瞿氏大恚，乃收异姓儿继祖入凤氏宗。挟其甥婿贵州水西土舍安国亨、四川建昌土官凤氏兵力，欲废索林，以继祖嗣。不克，乃具疏自称为索林囚禁，令继祖诣阙告之。继祖归，诈称受朝命袭职，驱目兵逼夺府印。索林抱印奔会城。抚按官谕解之。索林归武定，视事如故。而复听继祖留瞿氏所，于是妇姑嫌隙益甚。索林谋诛继祖，事泄，继祖遂大发兵围府，行劫和曲、禄劝等州县，杀伤调至土官王心一等兵。索林复抱印走云南，巡抚曹忭下令收印，逮其左右郑崶系狱。令瞿氏暂理府事；贷继祖，责其自新。四十四年（1565年）添设府通判一员。四十五年（1566年）筑武定新城成，巡抚吕光洵遣郑崶回府复业。郑崶者，前为索林谋杀继祖者也。继祖执而杀之，纠众攻新城。临安通判胡文显督百户李鳌、土舍王德隆往援，至鸡溪子隘，遇伏，鳌及德隆俱死。佥事张泽督甸兵二千余驰救，亦败，泽及千户刘裕被执。镇巡官促诸道兵并进，逼继祖东山寨，围之。继祖惧，携泽及索林走照姑。已，复杀泽。官军追之急，由直勒渡过江，趋四川，依东川妇家阿科等。巡按刘思问以状闻，敕云南、四川，会兵讨贼。初，继祖之走东川也，土官凤氏与之通。已而见滇、蜀官军与土舍禄绍先等兵皆会，乃背继祖，发卒七千人来援，继祖益穷。贼帅者色赴绍先营降，斩继祖以献。姚县土官高继先复擒其余党，姚安府同知高钦及弟钧，谋主赵士杰等皆伏诛。守臣议改设流官，犹不欲绝凤氏，授索林支属凤历子忌尧经历，给庄百余。凤历以不得知府怨望，阴结四川七州及水西宣慰安国亨谋作乱。流官知府刘宗寅遣谕之，不听，遂聚众称思尧知府，夜袭府城。城中严备不能入，退屯鲁墟。宗寅夜出兵，砍其营，贼溃，追至马刺山，擒凤历，伏诛。万历三十五年（1607年），继祖侄阿克久徙金沙江外，贼党郑举等诱阿克作乱，阴结江外会川诸蛮，直陷武定、大肆劫掠。连破元谋、罗次诸城，索府印。会流官知府携印会城，不能得。贼以无印难号召，劫推官，请冠带、印信。镇抚以兵未集，惧，差人以府印授之。贼退入武定，立阿克为知府。镇抚调集土兵分五路进剿，克复武定、元谋、罗次、禄丰、嵩明等州县，擒阿克及其党至京师，磔于市。武定平，遂悉置流官。

三、《武定军民府土官知府凤□世袭脚色》

我们形成前述社会发展的基本线索，借助于多方面的文献记载、考古资料和文物以及口头调查。其中既包括远古历史记载、明清以来的社会历史资料，也包括彝族风俗习惯的汉化起源与发展。与古代彝族之政治史有关的部分是其中最重要的组成部分。

禄劝县法宜则村的巨大摩崖为我们提供了最重要的历史资料。这个摩崖高耸于一面山腰上，刻石很多，有的已年久风化或毁坏，现存者，人称"钻字崖"。主要有碑文三方：一为汉文碑，题曰：凤公世系；一方题曰：武定军民府土官知府凤□世袭脚色；另一为老彝文碑。

"凤公世系"是明嘉靖癸巳年（嘉靖十二年，1533年）禄劝知州、陕西岷州卫[①]人徐进所题。徐于嘉靖九年到任，十五年升武定军民府同知。时土知府凤诏已死，其母瞿氏袭子职。"凤公世系"碑序，自宋淳熙时阿而为罗婺部长起，下迄明嘉靖癸巳。其序述凤氏十四代的主要政治活动，有的记载很详。

如记载商胜（女）时说：

> 本朝（明），商胜，弄积妻。洪武十五年，克服云南，自备粮米千石于金马山，接济大军。苟（循）先归附。朝觐，行至四川泸州纳溪县，遇

[①] 岷州卫：明洪武十一年（1378年）改岷州置，治所即今甘肃岷县。雍正八年（1730年）仍改岷州。

蒙钦给印信、金带。领受，即起谢恩。赐降世袭"诰命"，授中顺大夫，武定军民府土官知府。质直宽恕，夷民安业，地方宁靖。

记述凤英时说：

阿英字时杰，元帅（注：元时为云南行中书省参政兼管八百司[①]元帅、亚中大夫），弄积曾孙，袭土官知府。弘治戊申，奉命更"阿"姓"凤"。到任以来，正己爱民，勤于政务。以"四德正家"，一经教子；开辟田野，教民稼穑；历练武艺，弓马熟闲。当道交荐，钦升中宪大夫。母索则，赠太恭人；妻索国，赠本人。弘治庚申，奉攻竹子箐、梁王山，功升亚中大夫，加赏宝钞八表里。弘治壬戌，奉征贵州普安，丰功朝著，敕升云南布政司右参政。正德丁卯，奉征师宗州豆温乡，捷报伟绩。钦赐尽心报国玉带一束。正德辛未，病终于官。

记述凤诏说：

"凤诏字承恩，土名弄哲。朝明子。幼性聪敏，童养纯正。心志向上，期有"光于前世"，行藏卓越，欲垂裕于后昆"。偕妻索林，事母瞿氏，守节居孀。嘉靖丁亥，不幸遭叔朝文逆天背理，大肆谋夺。阴构寻甸叛贼安铨，攻击省城。残害无数。镇巡当道，目击异变，用是惕然。命诏母子亲写夷（彝）书，督兵昭示。此时，铨、文知非，逃命奔藏，数万贼兵即日瓦解，招抚良善万有七千。出粟千石，给济复业。救出被掳男女五百余口，给亲完聚，武定人心自此安静，云省地方始得安平。功承父职，甫及三载，奉征竹子箐山贼，大收奇功。因患瘆病，卒于军前。镇巡当道，大嘉生功，优恤死苦。赐银百两，遣官致祭。

《武定军民府土官知府凤□世袭脚色》碑记述详细。但是何时刻的，没有记载。从文章的语气看去，可能是凤英时所刻。全文序自凤英的出身、家世，详细追述了自其曾祖母商胜归明，任中顺大夫，武定军民府土官知府以来，其伯祖海积、积妻萨周、积子弄交之妻商智，凤英之祖父阿宁、父矣本、兄金甸，以及他本人与明朝的关系，历次进京觐见的情况，册封与颁赐的情况；同时也歌颂了他个人配合明兵

[①] 八百司：管至今老挝。

进攻"梁王山，大破贼巢"的情况。由于是记录当年之内的史事，每每记为"明年某月某日"，人名地名都清楚细致。在此文旁边有一首七言长诗，纯属歌颂凤英功绩而未署题者。

老彝文碑年代也很久了，与上述二汉文碑并排，在两碑之间。两碑在《云南通志》上没有记载，《禄劝县志》卷十二《杂异志》谓"一方为爨书，不可辨，疑翻译汉文而成者也"。由于认识老彝文的人极少，各地方言差别又很大，我们解决不了翻译问题，也就姑且存疑了。后来，请得该县撒营盘一彝族毕摩翻译。虽然仍有可商之处，但基本精神已译出。遗憾的是译者为禄劝县的一个毕摩（巫师），当时正在楚雄统战部集中办班学习。毕摩是统战对象，但思想落后乃至反动。当时云南对土司这一反动阶层实行的政策是"拉住人，消灭阶级"。对彝族毕摩，我们当时也是这样理解的。因此，我们找他翻译此摩崖很长的老彝文，他表面接受了民族调查组的"委托"，装作认真完成政府要他翻译的一份重要文档，实际上想糊弄过去就完了。所以口头上说："我要仔细阅读，研究正确。"其实，他知道别人更不懂。他就三天译出，其实是抄了一段神话般的"老彝文经"。他的译文照抄如下：

> 这块彝文碑是凤土司家的历史，是凤阿维、凤来玉两人所刻。它记述了凤家"起初，是从东方黄海迁来的。迁到白马山，在那里住了七代，并在那里做过一次大斋。后从白马山迁到昆明石牌寺住。在石牌寺住的时候，石牌寺的石柱是凤家打的。普箕大路的石板是凤家铺的。"并说："云南（昆明）城是不娘阿桌，杰朵阿卧造的。"同时还记述了造城的经过。这个碑文用神话与故事结合的体裁，详细地记述了明嘉靖年间凤家反明斗争的经过，以及其残败的情况。碑文说："土地完全被抢光了，梨树被连根拔掉啦。凤家被皇帝撵到武定，……皇帝家又追赶到武定。在武定又打了一仗，又打败了。凤家被撵到禄劝的克提住。凤家的兵马散了，……凤家又被撵到阿补龙潭，被撵过了金沙江；撵到建昌被捉着了。撵到建昌，大人被杀光了，剩下三岁的一个小孩子，藏在妇女穿的裙子里，所以凤家从此改姓"藏"，即姓"常"。

这个石刻的刻镌年代不知，碑文说是："chan nuo 皇帝三十三年刻的。"chan nuo 到底是哪一个皇帝，不得而知。从碑记的内容看去，不会早于万历。我们从发音上，曾暂定为"乾隆"。可是乾隆时并无这样的政治事件，因之这一问题未解决。

这个石刻提供的信息极其丰富。它为彝族的迁移，彝族与古滇族、与昆明的关系，提供了极有价值的线索，对于明末反明事件也提供了可贵的资料，虽然它刻制的绝对年代不可考。

四、禄劝钻字崖彝文碑文译文

按：《禄劝钻字崖彝文碑文》的译文是禄劝著名毕摩张文元译出的，该毕摩是禄劝县卓干乡安多康村人。他是将一部《彝经》中专讲"禄劝县常土司家史"的彝经，作为《禄劝钻字崖彝文碑文》来"糊弄"我们的调查社会历史组的。我是当时的调查组长。经我们仔细研究认为：作为"经"，有相当的史料价值。"经"上所讲到的某些地名相当遥远；但彝族人相信，他们的祖先是从那里来的，死后，他们的灵魂也希望再回到那边去。他所说的禄劝县的《常土司的家史》就是如此。如说："凤家在反抗清朝皇帝时，撵到德昌，大人被杀光了，剩下三岁的一个小孩子，藏在妇女穿的裙子里，凤家所以外改姓为'藏'，汉字音为'常'。"禄劝有一个土目姓常，传说为凤氏后人。武定那氏土司祖先也有段相似的历史。如说凤家的大人都被杀光，只剩下一个妇女，在逃跑的时候，被官兵追赶急了，她把小孩子藏在身穿上300折的大筒裙内，就逃过了官兵的追赶。现在万德地区彝族妇女一般不穿这样的大筒裙，因为用布太多，穷人负担不起；劳动时又过于笨重，很不方便。但作一个自然产生的故事，与"禄劝常土司的家史"很相似。所以，张文元毕摩虽意在"糊弄"我们，但他所给予我们找的《经文》应该还是真实的，有史料价值。我们应该感谢他。

我将当时抄下的《禄劝钻字崖彝文碑》，也就是当时张文元毕摩的译文慎重地原文照抄，所有大小注释，一点不漏。今照抄于下：

钻字崖彝文碑文译文（原文）

这块彝文碑是凤土司家的历史，是凤阿维和凤来玉他俩个刻的。他们什么时候刻的？乾隆皇帝三十三年刻的碑。凤家是起初从那点来？他起初是东方黄海来。他搬来，到白马山里住，在那里住了七辈人。在白马山坐（住）时候，做了一次大斋。从白马山搬来到昆明石牌寺住。在石牌寺住的时候，石牌寺的石柱是凤家打的，普箕[①]大路的石板是他家铺的，是属鸡年铺的。

---

① 普箕：在昆明西门外的大坝子。

云南城是那个造的？不娘阿桌、杰朵阿卧他俩造的。原来打算造在普箕坝子，他拿一口犁铧打卦，犁铧嘴嘴正对着五华山，云南城就造在五华山上。他们俩个造了四十七年才造成的。刚刚造完那天，他俩个靠在城墙头上谈话，杰朵阿卧说："东方要出一个窝黄蚂蚁子来了"，不娘阿桌回答阿卧说："烧锅开水就可以把黄蚂蚁烫死了。"他俩个城造完了才得坐（住）四十七天。那时候凤家得势啦！那时候凤家接了一棵梨树，那棵梨树只结一个梨，那个梨有升子样大。梨的影子照在乾隆皇帝的照宝镜上。凤家拿弩射了一箭，直射到皇（宫）的中柱上。凤家的祖坟中埋着三斗三升小黑豆，小黑豆会眨睛了；埋在坟中的稻草变成了弩箭。乾隆皇帝知道了这几件事情：凤家想争夺皇帝的位子，土司招了三千六百个兵。皇帝派人来调查，这些事情是凤家搞的，皇帝开（派）兵来杀凤家，在云南（石牌寺）打了一仗，打败了，凤家的坟全被挖掉。土地完全被抢去了，梨树被连根拔掉啦，凤家被皇帝撵到武定。武定有个猫跳塘（属禄劝），还有一个溜马场，就是凤家的溜马场，皇帝家又追赶到武定，在武定又打了一仗，又打败了，凤家被撵到禄劝的克堤住。凤家的兵马散了，这个碑就是在克堤住时刻的。凤家说：我不死的一天，我还要转到云南石牌寺。凤家又被撵到河外大龙潭，被撵过了金沙江，撵到建昌被捉着了。撵到德昌①，大人被杀光了。剩下三岁的一个小孩子，藏在妇女穿的裙子里，凤家所以改姓为藏（常②）。

五、武定府同知徐进手记《镌字崖石刻》

在县北二十五里法宜（尼）则村：昔，凤氏专土，叙其家世官爵，摩崖数方丈。书刻一方，题曰：凤公世系序，自宋淳熙起，至明嘉靖癸巳③止，则禄劝州知州徐进④记也。一方题曰：武定军民府土官知府凤□世袭脚色，则凤英之世次履历也。一方为爨书，不可辨，疑翻译汉文而成之者也。一方题诗一章，颂凤世守之功。世守，凤英，小字也。又有大字题壁者几处，唯"山水之间，武溪胜景（境）"八字颇佳。题名隐隐见"王元翰字"。

---

① 建昌和德昌，都在四川大凉山德昌县境。
② 常：禄劝有一土司姓常，传说为凤氏后人。碑可能是常家刻的。
③ 嘉靖癸巳：嘉靖十二年（1533年），朱厚熜年号。
④ 徐进，陕西岷州卫人，嘉靖九年（1530年）任武定府同知。

(《禄劝县志》卷十二《杂异志·古迹》)(传玺按:"陈宗翰(书)。")

明禄劝州知州(略)

凤家坟"在大黑山下乃凤氏土府历代之坟也"。

《……脚色记》——1958年因修水库发电,约残五十行。多少字,不清。事先已拍有照片,很清楚。禄劝县档案室收有。1981年春,我去当地实地考察过,拍有照片。有禄劝县文化科长陪同。

六、《明史》卷314《云南土司传(二)》"武定"条

此文是口传,颇多错误。以为是"摩崖"石刻,有人附于凤氏土官传[①],以讹传讹。

武定,南诏三十七部之一,宋淳熙间,大理段氏以阿历为罗婺部长。三传至矣格。当元世祖时,为北部土官总管。至元七年,改武定路,置南甸县。洪武十四年,云南下,武定女土官商胜首先归附。十五年改为武定军民府以胜署府事。十六年胜遣人来朝,贡马,诏赐胜诰命、朝服及锦币、钞锭。十七年,以和曲土官豆派为知州。二十一年发内帑令于武定、德昌、会川诸处,市马三千匹。宣德元年,元谋县故土知县吾忠子政来朝。正德二年四月,武定雨雹,溪水涨,决堤坏田,陨霜露杀麦。七月废武定所属之南甸县,改隶和曲州,石旧县改隶禄劝州。三年,土知府凤英以从征功,进秩右参政,仍知府事,请赐金带,部议不可;帝以英有军功,给之。明年,英贡马谢恩,赐如例。嘉靖七年,土舍凤朝文作乱。杀同知以下官吏,劫州印,举兵与寻甸贼安铨合犯云南府。抚臣以闻。时安铨未平,朝文复起,滇中大扰。诏以右都御史伍文定为兵部尚书,提督云、贵、川、湖军务,调四镇土汉官军讨贼。五月,黔国公沐诏勋疏言:"臣奉命会同巡抚等调发官军,分道剿抚。诸贼抗逆,执留所遣官军二人,所调集各土舍,又重自疑畏。臣谨以便宜榜示,先给冠带,待后奏请承袭,众始感奋。于二月进兵,击斩强贼十余人,贼奔回武定。乞敕部授臣方略,俾获便宜行事,并宥各土舍往罪,凡有功者,俱许承袭,作其敌忾之气。"帝纳之,赐敕奖励。贼既败归,其党稍散。

---

① 《明史》卷314《云南土司传(二)》"武定"。(应为口传,与摩崖异)

初，朝文绐其众，谓武定知府凤诏母子已戮，朝廷且尽剿武定蛮众。至是，凤诏同其母率众自会城住，蛮民相顾错愕，咸投凤诏降。朝文计无所出，绝普渡河而走。官兵追及，复败之。朝文率家奴数人，取道沾益州，奔至东川之汤郎箐，为追兵所及，磔死。铨众犹盛，遁据寻甸故巢，列寨数十。官兵分哨夹攻之，诸寨先后破，乃并力攻拔其必古老巢。铨奔东川，入芒部，为土舍禄庆所执，贼平。是役也，生擒渠贼千余人，斩首二千九百余级，俘获男妇千二百余，抚散蛮党二万有奇，夺器械牛马无算。捷闻，铨、朝文皆枭示，籍其产，家属戍边。十六年，命土知府瞿氏掌印。初，府印自洪武以来俱掌于土官，正德间有司议以畀流官同知，土知府职专巡捕、征粮而已。及凤诏死，瞿氏以母袭子官，所辖四十七马头阿台等，数请以印属瞿氏。吏部覆言，系旧例，宜如其请，从之。四十二年，瞿氏老，举凤诏妻索林自代。比索林袭，遂失事姑礼，瞿氏大恚，乃收异姓儿继祖入凤氏宗。挟其甥婿贵州水西土舍安国亨、四川建昌土官凤氏兵力，欲废索林，以继祖嗣。不克，乃具疏自称为索杯囚禁，令继祖诣阙告之。继祖归，诈称受朝命袭职，驱目兵逼夺府印。索林抱印奔会城。抚按官谕解之。索林归武定，视事如故。而复听继祖留瞿氏所，于是妇姑嫌隙益甚。索林谋诛继祖，事泄，继祖遂大发兵围庇，行劫和曲、禄劝等州县，杀伤调至土官王心一等兵。索林复抱印走云南，巡抚曹忭下令收印，逮其左右郑竑系狱。令瞿氏暂理府事；贷继祖，责其自新。四十四年，添设府通判一员。四十五年，筑武定新城成，巡抚吕光洵遣郑竑回府复业。郑竑者，前为索林谋杀继祖者也。继祖执而杀之，纠众攻新城。临安通判胡文显督百户李鳌、土舍王德隆往援，至鸡溪子隘，遇伏，鳌及德隆俱死。佥事张泽督甸兵二千余驰救，亦败，泽及千户刘裕被执。镇巡官促诸道兵并进，逼继祖东山寨，围之。继祖惧，携泽及索林走照姑。已，复杀泽。官军追之急，由直勒渡过江，趋四川，依东川妇家阿科等。巡按刘思问以状闻，敕云南、四川，会兵讨贼。初，继祖之走东川也，土官凤氏与之通。已而见滇、蜀官军与土舍禄绍先等兵皆会，乃背继祖，发卒七千人来援，继祖益穷。贼帅者色赴绍先营降，斩继祖以献。姚县土官高继先复擒其余党，姚安府同知高钦及弟钺，谋主赵士杰等皆伏诛。守臣议改设流官，犹不欲绝凤氏，授索林支属凤历子思尧经历，给庄百余。

凤历以不得知府怨望，阴结四川七州及水西宣慰安国亨谋作乱。流官知府刘宗寅遣谕之，不听，遂聚众称思尧知府，夜袭府城。城中严备不能入，退屯鲁墟。宗寅夜出兵，砍其营，贼溃，追至马刺山，擒凤历，伏诛。万历三十五年，继祖侄阿克久徙金沙江外，贼党郑举等诱阿克作乱，阴结江外会川诸蛮，直陷武定、大肆劫掠。连破元谋、罗次诸城，索府印。会流官知府携印会城，不能得。贼以无印难号召，劫推官，请冠带、印信。镇抚以兵未集，惧，差人以府印授之。贼退入武定，立阿克为知府。镇抚调集土兵分五路进剿，克复武定、元谋、罗次、禄丰、嵩明等州县，擒阿克及其党至京师，磔于市。武定平，遂悉置流官。

附：马学良《倮文作斋经译注》注4

"凤土司土署，现在云南武定县茂莲乡，万德村，今已改姓那矣。"尝于其土署中，得阅其《永历十年之世袭宗枝谱图册》，内载"……先是土官知府凤阿英弟凤阿改，生男阿他，阿他生凤拔，拔生凤者峨，者峨讳凤姓那，生男那备，俱荫和曲州土舍，备于崇祯十六年，奉文提调十马。故讳凤姓那远在明季"。其何以改姓？余初至武定，询诸地方士绅，多谓因凤土司谋反，朝廷征剿，其后裔畏罪姓，改姓那。后查阅其宗谱，方知因闹家务所致。谱中谓："……凤诏妻索林袭土官知府，母瞿氏以索林无子，遂抚族孙凤继祖为嗣，将令承袭府职；不意索林听信家奴郑昂谗言，欲谋杀继祖。继祖潜逃至京，承袭奉旨，准任土官知府，及旋里，而索林不容继祖到任，互相仇杀。奉旨改土设流，自后未复府职。有父凤者峨，系知府凤诏亲侄，由此隐居锁折。讳姓那。"其改姓原因当以此说为可信。今时土人只知那土司，而不知那氏实即凤氏之后裔矣。[①]

---

① 《国立中央研究院历史语言研究所集刊外编第三种，《六同别录（下）》，中华民国三十五年一月。

七、鳳氏后裔那氏碑铭汇录

（一）那德洪墓神道碑

普翁那老年台先生寿墓志

公讳德洪，字普及，姓那氏，滇之世家也。自宋世为罗婺部长，元改授武定路长，世袭加万户侯，兼北路土司总管，于云南行中书省参政，晋八百司元帅。明，改授武定府知府，世袭屡诰中顺大夫，敕升布政参政，赐姓鳳。嘉靖间，族人有事，株连停袭。万历间，□公之曾祖以功授和曲十马掌（长）官司，赐姓那。□本朝，公之祖称备，以府庠生袭土职，文行足表士林。□公未袭。仁厚明敏，博学孝友，沉毅有大志。□雍正八年，乌蒙乱，公纠遣乡兵，助征有功，待旌。乾隆元年，□覃恩例袭土职。□公力辞，翼然曰："吾乐山水，诗书启后，岂无正途可报□国恩乎？"夫荣利所在，人如附膻，□公独恬退。盖无欲则刚直、忠义、勇功，小试辄效也。其乡鲜知汉语，□上台委□公征国赋，民得安宁。历年倡各村立社仓，多捐谷石，任民粜籴，旱涝无患。正己率物，用夏变夷，渐知礼义。间有争讼，数言劝息，无不心折，素行足以动人也。

家有二塾，延师广集夷童秀者，朝夕勉学，凡束脩、书籍、笔札、食用，皆给之，入泮应试者渐多矣。又虑远村不能就学，率乡人建学置田，广教训，不惜多费。朱太守旌以"倡义育才"之匾，建魁星楼、文昌宫，翚飞耀日，丕振文风，不啻鸿蒙初辟也。生平好义，乡人婚丧疾苦者，曲为周济。四方知交，俱有赠遗，称贷负者不迫也。其他隐德懿行，难更供数，予与□公相交数稔，知其为人，撰志者，共见共闻事也。然，予因之有感矣。以□公才德，文武兼擅，倘得时而驾，则翼亮□圣主，霖雨苍生，一世福星也。天何使之沦落深山，不得一展素抱耶？岂能笃生，不能改用耶？抑有得耶？□公年四十有五，每登皋舒啸，临流咏歌，乐天观化，见一佳地千峰献翠，万壑生霞，古树留春，鸟歌兽舞，金沙一带，曲抱云间，一蓬莱阁苑也。□公倾然而悠然曰："美哉景乎！信可游矣！百岁后得归寄此，何快如之。"于是鸠工伐石，造一寿域。□公令嗣嘉猷，府庠彦也，英恣卓越，为学有志。从予游，请以□公之实迹勒诸珉，世为子孙楷范。予不文，义不得辞。爰濡笔乐叙其大概。□公方得□诏金门，他日硕德崇勋，标旗常铭，日载国史，必有振耀于天下、后世者，非予之所能蠡测也。是为志。

乾隆四年岁次己未桂月吉旦
古晟乡进士拣选知县年家①眷弟李鸿业拜手撰
云峰岁进士候选外翰年家世弟赵世昌拜手书
巳山亥向兼巽干三分丁巳丁亥分金

皇清待诰授文林郎贡士那公讳德洪寿墓
乾隆四年岁次己未桂月穀旦立

训后文

自古垂训后裔者，或创业，或守成，世道人心，物情事变，备历艰苦。洞悉几微，确见其理。如日月经天，江河行地，非时数之所能迁移也。故世世守之，可以淑身，可以治家，可以经国，岂偶然哉？予学浅才疏，虽不能吐辞为经，然于身世之事，甘苦备尝，特拣数条，为子孙模范，果能铭心刻骨，佩服不忘，则瓜瓞绵绵，昌炽盛大矣！所宜世守者，胪列于左：

—敦伦纪	—端品行	—睦亲族
—择交游	—勤稼穑	—道圣学
—崇信义	—爱人物	—释怨忿
—修堰塘	—读经史	—守礼法
—远谗谀	—戒酒色	—务牧养
—敬师长	—慎言动	—黜异端
—禁游猎	—培果木	—正心术
—积德善	—尚节俭	—习医理

德洪（印）

---

① 年家子：科举时，称同年登科的后辈为年家子。

（二）那嘉猷墓神道碑（已坏）

（彝文）

清乾隆二十一年二月二十二日巳时□婿

	左腾云		毕州	
	杨 鼎	□外孙	□□	同上
	毕世英		毕成	
	周世昌		阿栽（阿则？）	

（三）傅氏（大二？）墓碑（中碑缺）

生于乾隆三十七年十二月二十六日

终于道光□二十年□□月□日

　　　　道光二十二年太簇月十三日立

　　　　孝媳那沙氏□祀孙□仁安

（四）张氏二妹墓志铭

　　尝闻命之修短有数，人之富贵在天。惟氏等与贤妹同事□夫主，幼生暮连，未习妇道。长而匹配那门，三从娴闻，四德顿习。是以待奉□公婆，寝而问安，饥而进食，无所稍懈，慎终尽礼，媳事俱备。及□夫主五十无嗣，劝□夫娶妻，已生二子，命运乖舛，天花散失。夫君欲结成疾，寿享五八，疾终无嗣。贤妹同氏等不忍禁那门血食于未艾，控立承继，辛苦备尝。正冀贤妹与氏等共守松筠节操，同享天年岁月，不属那门之名楣。孰料归宅料理家务，氏等候结官事，竟染疾成柯，魂游瑶池。一闻理幽，氏等泪洒胸怀，感叹情深，生离隔面，死别同梦。冀曰继立成名，墓顶焚黄，紫诰荣封，贤妹自必生而为英，死而为灵也。于是为序。

嘉庆二十五年十一月初三日穀旦

　　　　姐大傅氏□二傅氏叙

乙山辛向兼卯酉分金

皇清待赠乡评□贤淑显妣□张太君孺人之墓

嘉庆二十五年十一月初三日承嗣□男　那振兴

　　　　　　　　　　　　　　　　媳　沙氏

　　　　　孙　仁寿　同立
　　孝女　秀珍
　　　　　七珍

（五）三母墓志铭

　　想□母亲身遭不幸，享年三十有五，遇□父身故，则日夜辗转。欲择那族之一人，以继其香烟，则春秋无乏拜扫。未立儿之先，欲瞬息以继承嗣；既立儿之后，欲共处以安天年。谁意母子命运颠来，一旦控告在案，至省至州，萍踪无定。嗟呼！自□母亲有生以来，未曾稍受日雨之苦；自立儿之后，受尽风霜之楚，则存亡即在于旦夕。久漂泊于乡外，弗得归故土，以整家风，以致家务浪荡，是以母张。母子商议，叩请□母亲归乡料理，冀家道之兴隆，俾夷众之得所。克勤克俭，寸心恒见于一乡。复训儿曰："汝□父生平正直，衣冠等其瞻视，手容必恭，足容必重。汝之为人咸效其先人之规模可也。"儿不惟得以问寝视膳，克供子职；及淑水，亦不能以慰母心，负忝所立。忽于嘉庆二十三年十二月丙时略染微疾，于十四日子时归天。儿实深恸恨，深思莫报于万一。为子者仅约略于碑记，以是为志。

　　　　　　　　　　　　嘉庆二十五年十一月初三日穀旦
　　　　　　　　　　　　孝男□那振兴跪撰

（六）那仁安碑（寨子）

皇清诰封授武德骑尉加授武功将军花翎三品参领那公讳仁安
　　　　　　　　　　　　　　　　　　　　　　　　　　　　之墓
皇清诰封淑人晋封右淑人乡谥静惠贤良慈妣□沙氏老太君

（七）那靖保墓碑

那公珊瑚与夫人安氏墓志铭

　　那公珊瑚既殁之四十二年，其夫人安氏率子维新、女锦云，始克表于其阡，嘱勋①为理幽之文。勋与那家有世谊之交，敢以不文辞？谨按状：那公讳靖保，字珊瑚，武定人也。考那姓，《左传·庄公十八年》：武王克权（楚属），迁于那，因以为姓焉，历各朝代至明清时，凡有番苗瑶蛮之地，说（悦）土官世掌以宣抚之。那之先人遂领有武定茂连地方，为土同知，世袭其职，已数十传。那公生而聪颖，学粹行优，弱冠登科，补博士弟子员。方将成年，诰袭土司之职。云南土司对待土民，恒多类似奴隶。惟那土司则不然，设学校以教育其子弟，编练保甲，清查户口，以防匪患，提倡农家副业，以生产，佃民所交租谷，从未计较多寡。感公德意，至今称道弗衰。于光绪三十四年②八月十七日寅时卒于家，葬于茂连兰启裔之原，距生于咸丰五年五月九日巳时，春秋五十一岁。其德配夫人安氏，于十六岁于归夫家，共享天伦之乐。二十二岁，生女锦云，年幼蒙稚，生子维新，尚在月福之中，即裂藕破镜，节守冰霜之志。然以操持家道，养卫地方之佃民，劬育子女，尽效国家之义务。生平之间，兴家立业，创举百端大事，光耀门闾。遭遇万般措（挫）折，可谓裙钗之将士也。（此一石完，文尚未完，其他石已无）

（八）那伟的姑娘之墓碑（新衙门村北）

　　鲁门那氏之墓
　　　　乾隆三十二年十二月初一日 亲母禄氏自午时立

（九）那世明之墓碑（新衙门村北）

　　乾隆十有二年三月之廿三穀旦
　　皇清待赠处士显考那公讳世明府君勋之墓

　　　　孝妻李氏男那朝勋／后 敬立

---

① 勋为安建勋，为安氏之兄，亦万德人。安氏1886年生，丙戌；1901年婚，1907生锦云，1908年9月生那维新。

② 光绪三十四年，即1908年，再加42年应当为1950年，那安和清病死于1952年。

（十）那建中墓碑（新衙门村南）

（1）中：

　　　　艮止坤向，兼丑未之分金

国朝待赠显 考 那公 建中 孺人老太君之墓
　　　　　　妣　　　阿氏

大清道光二十八年十月十九日孝 男 那 定国 孙那文 英 同志
　　　　　　　　　　　　　　　媳　　金氏　　　　贵

（2）左：

　　公□建中字正德，自祖辈以来，世居茂连，管理四甸。至高祖讳达，与大、二高祖讳备、曲分居。大高祖承袭土职，高祖等分授之。后世守祖遗，永继书香。至曾祖讳世哲捐纳太学，祖讳朝辅为武庠生，□公复捐纳国学为太学士。自公之幼也，存心孝友，生身正直睦亲爱民，容众等贤。手居敦厚，教子弟必以仁义为先，虽家庭间未尝少假词色。四方识与不识，咸以为厚德君子。呜呼！其必有信于人者矣！以道光六年七月二十日终于正寝，春秋五十有三。卜葬于奈木过（乃丰岗）之后山。□太君姓沙氏，宣威州块所，沙姓考庠生，世为宣威望族，□太君恭敬慈惠而加之以节俭，教子义方。生二子长安国，次定国，未及婚配而□先公卒。太君以孀居，教育扶持，娶媳成室。后先公七年而□太君卒，享年六十，合墓于先公，节义双全。克媲前徽夫，以公之盛德，而太君以贞淑继之，斯可集福禧而启佑乎后人。矢是以为之铭焉。

（十一）墓志谨铭

　　那二先生遗曰：吾原弟兄，少失双亲。有张文学，换育成名，家兄早娶李氏，家有主矣。渐次离心，吾知回避。雍正十一年（1733年）三月，当凭原关叔二人，分受家产，文契九张。分产相离，且与家兄全收。自盖房屋，娶妻沙氏。三弟与兄同居，一年为契，口割无耐分（因争吵而分家）。亦自盖房屋，娶妻张氏，仅生一女，妻身故。复娶李氏，系姨（嫂）之妹也。不久三弟染病，唤吾入，念同胞，日夜调理。弟遗言曰：吾妻李氏无出，加之愚鲁，或守或归，随伊所欲。二哥□□次子与我立嗣。嫂虽有次子，昔时哥提刀杀害，伤我三指□□，何苦也。遗言如比，问弟媳，媳曰：要归。我母孤单一人，不日弟死，嫂不忿曰："二哥有⸺乎？必要并立。二氏问族长、头人，理头言：三爷到，□□遗言，令一家不允，情理不过均分。丧葬各项，理应均办。二哥□□同摆丧毕之后，串通二弟家人阿耳阿乐，捏令伊□□□□□要吾子朝左悬案□。

（十二）皇清待赠文林郎显考讳德厚之墓

孝女李门那氏

乾隆二十七年十月初二日立

（十三）多支里那朝勋之墓碑文：（在新衙门）

皇清待赠修职佐郎那公讳朝勋府君之墓

男伟 仁忠敬立
妻张氏

龙飞大清乾隆乙未季姑洗月中浣几穀旦考

右碑文（略）

左碑文：

墓志碑序

那之系有秀士者讳朝勋，字元臣，居长承父业。其弟一人，继嗣于叔。慨元臣自幼失怙，母李氏虽属夷（彝）族，颇通彝教，毅然以慈代严君，始忠勤学，有闻，即解。故未冠而游校、庠，又未几而食廪饩，诚哉，极不愧为女中丈夫，子足称为人中之杰使。如假以年，异日上青云，板丹桂，正未可量。乃年方三十有六，不禄而终。生子二人，俱幼，无知。母孀妻寡，顾影自伤，元臣自忖，劬劳莫报；妻子孤单，谅亦不能瞑目。予教书村落，元臣母欲誌其子于不朽，乞序于予，予慕其夷（彝）而进于中国，则当中国之。人而跻于士类，则当士类之。且悯其生也，不寿死也。是录于是，不揣先进无文，但念后学可嘉。现为之序，又为之赞：（略）

癸巳岁进士候选儒学训导李淑拜撰

（十四）

皇清应赠文林郎大君那公 讳舜伟 妻禄氏 夫妇之墓

乾隆二十二年十二月初 同妻禄氏口自增自午时；嗣孙那继祖

（十五）

皇清待赠文林郎显 考□那公讳衍 妣　　禄氏 之坟墓

乾隆二十二年十月十九同穀旦

承嗣男那宗善

（十六）皇清待赠祖母孺人龙氏（德厚妻）

乾隆三十二年十一月十九日穀旦□孙那宗善立

（十七）

清故土舍 叔父那公讳成 婶母　　李氏 之墓

乾隆三十二年十一月十九日穀旦□侄宗善立

（十八）那沇之修路碑（在新衙门）

大清光绪三十一年岁次乙巳菊月穀四日捐钱人那沇之捐银二十两，其官世守暮连土舍，例捐州同之职□舍署教书杨。

（十九）学士那君墓志铭

和曲州学士那公讳朝俊，字振彩，予及门也。世居和曲之暮连乡，盖忠厚传家，代有世德，所谓积善之家必有余庆者也。忆生幼年失怙，与兄朝勋哀毁如成人。礼及束发、从师，兄若弟俱生质纯粹，雅嗜诗书。彼都人士，咸谓那氏有子矣。果而髫龄游庠，均叨廪饩，二难之誉，何以加兹。乙酉岁，予受府聘，设帐于狮山书院。生与兄负笈来学，宿馆三载。弟见其器识之轩昂，胸怀之磊落，有不可一世之概。且萤火难窗之下，手不释卷；而文字才思，较诸生为尤进。兼之谓言鏊达，应接精敏，夫以世家之子弟，勤学好问、知几识时、如是谚谓：文武全材者，其在斯人欤？挹彼风微、朗激昂天云，抑何难焉？孰意丑之步试，□伊遂㠯以微族具呈予，方谓风寒暑湿，人所恒有，无他也，患也。迨试毕旋暑，倏闻寿终，呜呼哀哉！其竟以此而殒，其生抑别有疾而致斯乎？念元道无常，人生莫测。以豪杰之子，英年顿丧，虽庸夫愚妇，亦昏叹息，而况予在师弟之间乎？予籍隶建阳司铎和曲风称知己，愧乏瑶章，聊述梗概，永失硕砥，因为之铭曰："郁之佳城，秀气钟结。既固既安，地灵人杰。"

乡贡进士吏部候选知县和曲州儒学正堂博□建水友人王文龙拜题

（另有其胞兄那朝勋谨其弟之碑）

（二十）永免额规碑记

世守暮连乡多志里土舍那莅之，为发给永免额规缘因祖遗干地、山场，给村佃民住耕。年收租粮之外，逢本主完婚，摊派喜欢钱文；派佃应夫，未有定数；其佃纳租之地，未得当卖。兹佃言称：似额规虽领地土，难以稳耕。恳求本主定夫免额等情到官。本主才令众佃，每分地土出押头银四两等言，佃民允诺。多志里二十分，佃民备出押头银八十四两。本主收讫，以作押头之资，立给免照一纸，与本佃首曲凤、龙正发、杨安陶，发及众等名下为照。俯准勒碑垂记。自免之后，本主世代子孙若有完婚喜场，不得摊派喜欢钱文；派佃应役，只派每户每年长夫一转，短夫一次。该佃民不误租额夫役；其地任容佃民准卖准买。若买干地山场之人，要向本主拨认租粮。夫役、门户，抽认租，递酒银，照价每两递酒五分。其余，□本主起盖房屋，红白事件，以及□土司公务门户夫役，一切未免。照旧应为遵主约束，该佃民，不得借免抗租误夫；本主亦不得复派免规。本主使佃之以礼，佃民事主之以忠。切切勿违，永免额规为照。

当凭人胞弟那深之

光绪二十三年四月二十日发给永免赦规。 本主□那莅之

凭中头目人由凤、龙正发

代书人：森琳、杨光海

这份《武定彝族那土司社会历史调查报告》是第二次《调查报告》。第一次《调查报告》所写内容，仅为我们驻万宗铺的能力所及，太狭窄，内容太贫乏。在1958年9月到1959年2月，我们到昆明省大组开会时，在回昆明的路上，我们新发现的史料很多，如摩崖，有汉文的，也有老彝文的，碑记、石刻画像、坟场等，所以这第二次报告为后数十年的积累。现在才写出。

第四篇　环州地区各族人民反土司的斗争[①]

一、土司的统治和剥削

环州设置土司，开始于明崇祯三年（1636年），五品官，为武定区各土司中官品最高者。辖地包括环州周围的97村，金沙江外28村，元谋县东部18庄（300余村）。

环州土司有着一套比较完整的统治组织。就土司衙门内的组织来看，设有掌印官、二爷、师爷、大管仓、内管家、管山、管牲畜、管卡等，分别管理经济、政治等各方面的事务。所有村寨大小头目，都选家富力强，表示能够忠于土司的人充任。除师爷一人为汉族外，其他全为黑彝。土司对所辖境内的各族人民，进行极其残暴的掠夺剥削。这从吝车小村的情况可见一斑。吝车小村在反土司斗争前有47户，种地11份，每份约12.3亩，共合135.3亩，种田1份，合12.3亩，田地合计12份，共计147.6亩。12份田地均为有粮无租，粮为年交银12两5钱，两年出一次"馔佃"，纳银12两5钱；全村每年还要交"佃谷"2石（合820斤），大麦五斗；"佃席"每年2次，每次大米5升，肥猪1头，酒1壶。

[①] 本篇内容完成于作者民族调查时期，是时任"民族调查组"组长的作者据"云南省法院立碑"之碑文照抄的，由作者亲自收录。原碑立于武定和元谋两县交界处。环州，曾属于元谋县，现为武定县环州乡。有时写作"环洲"，二者同行。

除上列各种负担外,"夫役"也是一种极为沉重的负担:每户每年至少要出夫140个,其中到元谋去背租谷的每年每户40个,各种杂夫100个,包括帮土司种私庄田、砍柴、盖房、抬轿、抬木头,送土司串亲戚、进出县城等。

农民还必须在每年正月初二日给土司拜年、送新:每户要送黄豆2升、糯米粑粑12个、酒半壶(1斤)、火腿1只。八月十五或十六日,土司以"献神"为名,又要全村农民缴驴1头、白毛鸡1只、红毛鸡1只、黄牛1头。规定每年每户要纳麻皮4斤、辣子1升、木耳或蘑菇半斤、茯苓10斤、蜂蜜4斤。这些东西必须缴纳,若不交实物,就得折成银两交去。此外,地里种什么,成熟时就要交什么:麻布每户每年交8页(宽5、6寸,长3尺),每户每年出烧山吃水费计鸡1只、米1升、酒1壶。秋收后,农民必须把自己的牛、马、羊等牲畜赶到土司的私庄地内去踩地——借牲畜积肥,时间为半月或一月,做到使土司认可为止。

土司并不把广大的农民尤其是傈僳族人民当人看待。傈僳族农民在路上遇见土司,必须跪下磕三个头,土司开口允许才能起立;房屋不许盖楼房,只能盖矮房;衣服不能穿棉布的,只能穿麻布衣,裤长不能过膝;不许养狗;连橘子树、核桃树、黄果树、栗子树等也不许种;不准读书,要读书就须先给土司8~12两银子,看农民家庭经济情况增加;不得骑马,骑者须先给土司8~15两银子;产妇满月就要去替土司背租谷,要背运完毕才能返回,否则,就连过年也不能回家。

另外,又有什么明加二钱,暗加二钱,天灾火耗二钱等。一两门户捐,实际要出上二两五钱。土司的狗腿子横行霸道,无恶不作,10多岁的姑娘,难免不被其奸污,而且,不管女的父母或丈夫在家与否。

土司的这套残暴的压迫剥削制度,使得各族人民无法再生活下去,于是爆发了大规模的反土司斗争。

二、反土司的斗争

环州地区各族人民的反土司斗争,自1912年(民国元年)开始,直到1937年(民国二十六年)才告结束。从斗争过程的发展上看,大致可分为两个阶段,即以控告为主的阶段(自1912年至1918年)和以武装斗争为主的阶段(自1918年至1937年);但两个阶段又是不能截然划分的。整个斗争,基本上是人民获得了胜利,对于环州土司的统治,给予了巨大的打击和削弱。现将整个斗争过程叙述于下。

在辛亥革命的影响下,各族人民的反土司斗争爆发了。清朝末年,傈僳族农民李万华、李春发、白如一、罗一等,被征去当兵,受到了辛亥革命民主主义的影响,他们退伍回去后,即在群众中宣传说:"我们到了蒙自、安宁一带,都没有什么土司,孙中山也在闹革命,打倒皇帝。李土司家这样统治我们,一定要打倒才行。"于是,他们就首先出来约集各村人民控告土司。最初只15个村子起来告发,不久就发展到51个,接着江外①的28村也给了不少资助,以各种形式参加斗争的,共计有79个村子。村村都推出了自己的领头人,共同商议与土司做斗争。各村领头人多为农民,如李万华、李春发、普玉廷都是贫农、傈僳族。伍先生(名不详)是中农,汉族。马画匠(名不详)是中农,傈僳族。白如一、罗一,均出身农民。到后期,在领导人中也有地主参加,如普兆宽,傈僳族,家庭地主,为后期主要领导人之一。

1912年冬月十一日,十五村人民上呈文至武定县,要求废除土司的苛捐杂税和各种特权剥削。当时的知县是刘宗泽,接到人民对土司的控告后,传集双方对审。在这次对审中,土司根本说不出什么道理,讲不过人民。但知县惧怕土司势力,三年不敢判决。1914年,群众在离环州约25里地的东坡街②成立了他们反土司斗争的领导机构——团保分局,推选贫农出身的李贵有作为负责人,继续向云南高等审判厅、北京大理院控告。当时,土司以卑鄙手段,使用大量银两贿赂官府,因而云南高等审判厅拖延不理;后来,北京大理院批回云南高等审判厅,要他们迅速处理。1916年7月21日,云南高等审判厅不得不作了判决:取消土司的苛捐杂税,如劳役、夫马费、团费钱、夫团薪贴、隔年馈佃、佃谷(司署佃长向人民收的税)等;而人民与土司依然保留主佃关系。

这次的判决,虽然群众获得了初步的胜利,但他们并不就此止步,因为他们斗争的目的是根本不愿缴纳地租给土司,也就是要争取土地的所有权。当然,这个问题,若靠官府的审判来解决,那是不可能的。尤其是这次的判决,土司也不服,他上诉到北京大理院,大理院发回云南高等审判厅复审,结果又判决农民还是要出馈佃费。显然,高等审判厅改变原判,完全是土司贿赂官府的结果,这就更激起了广大群众的愤怒,他们采取了坚决抵抗不缴的办法。到1919年,大规模的武装斗争就开始了。

1919年,土司妻李李氏派人到四川勾结土匪杨天福,来威逼环州地区人民投降土司,土匪到了东坡、环州,并抢了几个村寨。这时,群众起来迎头痛击,把土匪

---

① 指金沙江以北。

② 现武定县东坡,黄傣族东坡行政村所在地。

赶走了。据调查访问，这事有各种说法。一说是1919年，那兰芳勾结土匪杨天福，烧杀41村，要41村投降土司。后被省城派军围剿，抓住了杨天福，杀死了200多名土匪，前后历经两年之久。又说是，杨天福号召了2000多人，组成3个营，有800多支枪，搞"打富救贫""吃富人"，被昆明派兵击败，杨天福被招安到昆明，他的队伍就解散。说法不一，并录之以供参考。

1923年，土司李自孔之妾李李氏又勾结四川土匪杨级三来抢掠79村，结果也被79村群众打退。1925年李李氏又勾结西康会理①土匪邬德润（汉族），企图抢杀79村。还未到达79村地界，即被群众击退。

广大人民群众，眼见土司不断勾结土匪、准备武装，与群众作对，手段十分毒辣。群众也做了许多准备，组织了几百人、100多支枪，准备击退土司的任何进攻。这时，土司派下乡催收粮款的差使，也被各村群众赶走。

土司接连吃了几次败仗，进一步与人民为敌，手段更卑鄙无耻。1925年把他家的姑娘（李凤祥的妹子）嫁给胡旅长，胡旅长给了他家十几支步枪。土司以为有了靠山，便到处逼收门户钱，催收粮租。这年农历七月间，土司强迫蛮德梁子、三合村一带的彝族、苗族群众和附近各村缴纳门户钱。群众拒不缴纳，武装抵抗。群众看到土司这次特别疯狂，于是主动撤退。土司占了点便宜，以为人民软弱可欺，八月初，就派人到夯车村抢收庄稼。这时，各村群众都已作了充分准备，狠狠打击了土司的势力。土司随即又派了几百人，到各村烧杀抢掠，人民损失很大。此时，武定县派人进行调解，并把土司的师爷蒋秉成带到县城。土司不服，勾结四川土匪李凤美来烧杀79村，匪众2000余人，元谋、姚安、永仁等地都受到匪徒骚扰；又因李凤美绑走了英国传教牧师王怀仁等3人，引起了外交冲突，省政府派兵来剿，加上人民的武装力量，击退了土匪武装。

土司烧掠夯车村后，群众又派李春发到武定控告。经查验后判决：烧毁房屋自己修理，馈佃、劳役、门户钱、租粮，一律取消，不再缴纳；应缴政府的税银由附近村庄代缴三年。这个判决，实际上是否定了土司的土地所有权，土司不服，又带领匪众于1930年到许多村寨抢收粮食，赶走群众的牛、马、猪、羊，也被群众武装伏击，截回了一些财物。按：据调查，又有一种说法。1930年12月11日晚，县政府催缴烟亩捐，41村及花苗地区如租里、二台枝、石膏洞等信仰基督教的村寨是不栽种大烟的。波碧里村傈僳族团头（等于保长）李自发于夜间带人到租里村（属李

---

① 西康，旧省名，1955年撤销；会理，今四川会理县。

自发管,为苗族居住村),把苗族马姓兄弟二人带到十海村,勒索烟亩捐。租里村苗族急报土司妻那兰芳,连夜派了苗团队长两人,带领40多人,赶至十海,把马姓兄弟抢回,又把李自发、李太华(收支员)等7人捆去环州,并夺了产地罚金1420元。因此引起土司与41村群众的大斗争,延长了两年多。到1934年冬月,五区清丈土地,41村群众都不给土司交租子,说土司烧杀抢掠41村,损失巨大,以租子作赔偿费,土司也无可奈何。

三、反土司斗争的结果

自1912年反土司斗争开始,参加反土司斗争的79个村,给土司的租谷、门户钱等,就有时交,有时不交,有时这村交,有时那村交。群众力量大时,不交的就更普遍,隔年馈佃、劳役苛派交的就更少了,尤其是1916年以后,都没有交。在武装斗争的年代里,约60个村的农民群众拒不履行对土司的封建义务,土司虽以武力进行了几次抢收农民庄稼,都遭到了农民的坚决抵抗,土司最后也无可奈何。因此,这些村寨实际上早就摆脱了土司的统治,只是还没有得到政府的法律认可而已。

据调查,1937年省府财政厅派杨某到武定环州、㠄连二乡颁发清丈执照,收取执照费。当时土司李鸿缨无力缴纳执照费,杨某即邀请41村农民的代表和土司谈判。农民代表提出1930年土司抢劫41村,农民损失巨大,要土司赔偿。经杨某从中和解,建议农民不再追究赔偿,再出旧滇币1万元,作为土司出卖土地的"画押费",土地执照上即填写上当时种田地的农民姓名。当时土司实际上已没有什么权力,于是接受了这个建议。农民获得土地业权执照,意味着土司放弃了土地所有权。结果除波碧里、达窝、他真三村外,其他38村土地业权完全归还人民。

又据在环州调查,有种说法是,1935年,政府发田地执照,土司妻那兰芳把41村的所有土地都说成是她家的,激起了农民的愤怒。41村农民又计划告发土司,群众声势浩大,土司有些惧怕;同时执照费数目巨大,土司也无力拿出来。所以,土司就把执照都给了农民,但每亩土地要农民给土司一角花银。两个说法不甚一致,时间、过程都有些出入。但共同的一点是:就在政府发田地执照的同时,经过农民的斗争,土地执照都填发给农民了。农民在土地业权问题上,最后取得了胜利。至此,反土司斗争才告结束。

参加反土司斗争的79个村庄中,有58个村彻底摆脱了土司的统治,获得了土地业权,永远不再给土司纳粮上租、出夫役苛派了。其中,江外28个庄摆脱土司统治的时间较早,这些村寨于1923年就获得了土地所有权,县政府在江外设立了分县。

58个村之外的其他村寨,土司的统治势力也大大被削弱,过去压在人民身上的劳役、馈佃、门户钱、佃席、佃谷等一系列的沉重负担被取消了,只是还须继续缴纳租谷,但数字也大为减少;如达窝村本来上给土司101石租,后减为70石;他真村原上给土司8石租,后减为5.6石;波碧里村原上4石租,减为1.9石。总之,一般都减轻30%左右。同时,土司的威风也被打了下去,不是像从前那样骑在农民头上,随便糟蹋农民了。

整个斗争过程中,土司因贿赂官吏和勾结土匪,需使用大批银钱,迫使他不得不出卖大批土地。计卖了元谋18庄(今元谋东部半个县,估计300个左右的村庄)及金沙江沿岸的许多村寨;并且连原来的"私庄地"也出卖了200多亩(这是土司的重要土地)。

原来土司的"私庄地"共约1060亩,除卖了200多亩外,在反土司斗争中及以后,农民不再给土司家服无偿劳役,不再帮他做白工,于是土司不得不把原来专靠剥削农民劳役耕种的大量"私庄地"转为出租,收取租谷。在沓车大村出租240亩,环州村出租300亩,共计出租540亩,占原有私庄地50%以上。土司出租土地,一般是在1928年以后。出租土地中,定租的占40%左右,作为分租的占60%左右。租率一般为50%,土地较好的则稍高,为60%,土地稍差的,租率略低,为40%。"私庄地"改为出租,较之专以农民无偿劳役耕种说来,则大大减轻了土司对农民的剥削。这一片土地,过去作为"私庄地"时,收入全归土司所有,在租种形式下,农民缴50%~60%的地租,缴地租后尚有所获,虽然这种剥削仍然是残酷的、不合理的。

农民取得这些胜利,是用自己的鲜血换取来的。在反土司斗争中,农民付出了很大的代价:各户都出了不少的"告费银子";被土司兵或土司勾结来的土匪抄抢的有7个村;被烧杀抢掠的有3个村,共被烧毁民房200多间(100多户农民的住宅);被抢掠的粮食、牛、马、羊、猪、鸡等不计其数;被土司杀害了7人,还有团保分局的负责人李贵有被抓去,在武定监狱里被关死。被土司抄抢之后,农民因受冻、受饿而死的有100多人。

在土司统治下的各民族人民都参加了反土司斗争。计有汉族、傈僳族、彝族、苗族、傣族等,其中彝族村有10个(甘彝村7个、黑彝村3个)。参加斗争的各民族,以傈僳族的人口占多数。这是一次巨大的各民族人民联合反土司的斗争。

附：云南高等审判厅民事判决

（四年①，控字第一百九十六号）

判决

控诉人：马仕洪、李太光、雍兴顺、李春发、普玉廷、白如云、普兆宽、李自之、白在明、普忠林暨武定县环州乡51村众。

被控诉人：土司李自孔，未到案。代理人郭宗杨，系该土司之头目；李洪勋，系该土司之堂侄。

右控诉人：因土官虐民霸产案，不服武定县民国四年六月十五日第一审之判决，声明控诉，审理判决如左。

主文：原判变更。环州乡土民仍暂由土舍管束，各土民应缴租谷银粮，仍暂由土舍经理，除应缴条银正供外，不准巧立名目，格外加征。所有从前一切赢余陋规以及馈佃杂派等项，一概豁免。控诉讼费归双方平均负担。

事实：缘环州乡51村土民向为该乡土舍李自孔管束，各土民应缴租粮，均归该土舍经管。遁后该土舍以地广租薄，陆续附加杂款；而土署头目之薪工，土司未给，复又多立名目而取之于民，历年苛求无厌。马仕洪、李春发、普玉廷等系该乡土民，自退伍归来，以专制既经铲除，苛征自应豁免，邀集各村土民，推为代表，遂以土族残民，生灵涂炭，开具苛烦细目，诉经该县刘前任，判将不正当之苛索悉行豁免；不能免者，仍照旧上纳。普玉廷等不服，复诉。经前县判断，仍除杂派，酌减馈佃、佃谷，纳于租石之内，以免土役催收苛索；仍以田地之肥瘦，定租石之多少。李春发等仍不服，叠诉于县，并诉于巡按使署。经该县知事正式判决，环州乡土民管束权仍属土舍，各佃收租纳粮，仍照旧办理。前收粮银一两加收三钱，再酌减为每两加收一钱五分。一切赢余陋规，自土舍自行添足报解，不准再立库房名目，于一钱五分之外，格外加收。馈佃前系两年一收，以后按年分上一半。随租杂款，照刘前任判决清单再行酌减。折征佃谷之名不正，类于摊派，应定为让三收七。其余夫役细礼，暨不正当之苛派，违体制之礼节，严行取消。并将分别存留租物，各立簿据，陈请盖印，共相遵守。马仕洪等不服，控诉到厅，传诉得悉前情。

---

① 此处之"四年"，应为民国四年（1915年）。

理由（控诉理由略称）：控诉人等51村人民所种田地，均系先辈于前明万历初自行开垦。而未上缴钱粮，已历三百余载，可谓证据确凿。若谓系该土司祖业，何以奄无证据。既无证据，即是霸占。原审判为土司所有，殊属大谬。此不服一。该土司之祖李安讷，由川入滇，随征凤朝文，始授为环州土巡检，不过仅有管辖夷众之权，经催钱粮之责，并无苛派收租等权，志书可稽。于康、乾年间，该土司李兆元、李寿彭倚势压迫，借经催钱粮，遂任意苛派，大肆殊蹋，小民不堪其舍。经诉讼人等先辈，据情上诉，蒙将所有夫役杂款一律禁免，现有底卷可查。原审不依据判决，仅判收七让三，小民何堪剥削。此不服二。馔佃一层，本系杂派之列。据土司等谓为地租，山地则有，水田则无。若此项地土系该土司所买，亦只能上租，何以正赋之外又有此种名目，非土司苛虐而何？此不服三。政府迭次行文，饬将所有杂派一律免除，以苏民困。乃原审不遵饬办理，任意偏断。此不服四。请求撤销原判并各苛派杂款，秉公判决。云云。此案争点，一在土地所有权，一在浮收苛派。究竟土地所有权谁属？及是否浮收苛派，非分别断定，不足以昭折服。查此案系争田地，控诉人称系该先辈自行开垦，然无开垦执照可凭，更无其他证据，证明确系自己业权。依现行法例，原诉人不能举出确切证据，证明两争目的物属于自己所有者，自应维持现状。此控诉人第一论点无理由。至浮收苛派一节，原审除判决主文外，另附条款计十二条。今控诉人在本厅当庭供称不服。条款第四条载：汉民田主对于佃户，只收租谷杂粮，并无随征别物，然按亩计租则较重。土属因市场不便，凡食物均仰给市民，每年随征杂物，名目繁多，并有专制陋习，按户帮给管夫管马管羊各费，固属苛派性质，然而计租则较轻。概于革除，田主未免过受损失。兹将该定随收各物，每年照市价折为现银或现钱上纳，以免繁劳而归简易等语。按此条系于收正租之外随征别物，此项随征之物，即是苛派。原审既认为系苛派性质，系专制陋习，自应一律免除，以苏民困。乃又折银折钱，人民何堪其扰。控诉人第四论点，不得谓无理由。应将此条删除。第三条载：每年上纳租粮及折征银钱，各村民远近多寡不一，若由土署派人逐村征收粮谷，则有浮收挑剔之弊，银钱则有色水加折之弊，上下其手，断难免除；兹定为与土官直接缴纳，仍以由原佃户自行上纳之为直截了当，既有定期，又有定数，随到随纳，事毕即返，于佃户亦无大伤，应即照行等语。此条据控诉人供称，期限太短，请求更改。期限长短，于控诉人无甚损失，应仍其旧。第六条载：佃谷一项，土舍谓系在正租之内提出，土民谓系在正租以外加征，以前多立名称，故今日各相争执。惟核阅各佃上控所列清折，除正粮外，概列为杂派，是居然以粮户自居，土舍别无应得租物，与失业无异；今既未取消主佃关系，佃谷一项，不能全免，应酌定一折中办法，收七让三，按年随粮租上纳等语。按业主与佃户之关系，佃户既已纳租，又复纳粮，则佃户之义务已尽；业主既收租谷，又得粮银，何得谓之失业。今既得正租正粮，又复加征佃谷一项苛派，原审既知其多立名称，格外加征，不判令实时取消，而反令收七让三，剥削佃民，亦欠公允。控诉人第二论点，不得谓无理由。此条应即删除。第七条载：51村上纳钱粮，随征夫马团费，有无不定，原无夫团者自不起征；其原有夫团，前每粮银一两，加征钱五百文，今议定每两随征钱二百五十文，不得加收等语。查夫马费乃前清专制之陋习，剥削小民之弊政，至清末叶已经禁止，民国成立，一律革除。该土舍之夫马费征收，有违政令，致团费乃系就地方筹款，理不能与钱粮加征。今该土舍除钱粮正供而外，加征团费钱五百文，亦属苛派，均应革除。况51村之中，历来有征有不征者，同系土民，何得歧视。若如该条所云，原无者不另加，有者减为征钱二百五十文，则是一乡之土民，有幸有不幸，何待原无者厚，而待原有者薄，显然俱失其平，何能以昭折服。此款随征团费，实系浮收苛派，不能听其仍行征收，应将此条删除。第八条末句载：只收粮租馈佃，不收杂款一语。控诉人所不服者，只"馈佃"二字，其不服理由，已见第三论点。夫馈佃之名，实所罕见，考之各项赋税，亦无此名。控诉人谓据土族等称为地租，山地则有，水田则无，亦未可以遽信。何也？若系山地，则有地租，若系水田，则有田租，地租田租皆包括于租子之内。今各佃民既纳地租曰租等正供，何以又有馈佃？该土舍巧立名目，任意苛征，固属非是，原旨不即取消，亦殊不合。控诉人第三论点，亦不得谓无理由。应将此条末句"馈佃"二字删去。第二条规定馈佃折银办法，第三条规定加收及征收夫团薪贴办法，查系苛派浮收，均应从删。其余各条，控诉人并无声明不服，核尚允协，应仍其旧。

据上论结，本案系争土地所有权，双方不能提出确切证据，证明属于何人，自应维持现状。原审对于浮收苛派之部分，判决未免失当。本件诉讼不得谓毫无理由，应予变更原判，并更正各条于后，特为判决如主文。

更正条例：土舍属地四止内所有村庄，均系辟荒开垦而来，土舍招垦，土民认垦，升科后收租纳粮，本与内地主佃无异。因土官慕汉官体制，判租粮为两起，照限悬示开征，于是佃户自视为粮户，而寄粮拨粮，致主佃纷争不止。今既未脱离，应复旧规，每年征收正当租粮，酌定旧历冬月初五日起至初十日止，为上纳期间，不得无故参差，庶土署可期转解。各村民年上纳租粮及折征银，不分远近，多寡不一，若由土署派人逐村征粮，则有浮收挑剔之弊，银则有色水加折之弊，上下其手，断难免除。今既定为与土官直接自办，由佃户自行上纳之为直截了当，既有定期，又有定数，随到随纳，事毕即返，于佃户亦无大伤，应即照行。土舍土民纷争上纳租粮及旧例随征杂款租纳钱，两年全未上纳，或按年有所积欠，既经息讼，应筹清结之方，并定通融之法。自四年为始，各村各佃业已完清者不计外，余或全欠延滞征钱粮，延缓办法，酌定为三年摊还，并准允只收粮租，不收杂款杂物。土署库房，永远裁革，自民国四年始，各村民上纳粮租，均与土舍直接交割，不准土募头目从中干预，收清给票之后，听土舍自行派人经管。于前土舍在所属地内，稽之志乘文约束夷众之权。约束较管辖意稍轻，然统系上有变，当以土舍为纲领，一切行征方能统一。今兴讼后既未取消其管束权，则各村夷民及附村居住夷民，自当仍暂管束，如有不法，据调查属实，在佃户一经禀明查实，当受惩戒。惟以后无论公私事，均不得检派曾经被控头目前往各村。今土署陋规既经革除，头目自不适用。其土署雇用人役历需薪水工食，由土舍自行筹给，不得向佃户缴纳。保卫团应设保董，由该51村按烟户自行公举办理。保董职权内应办各事，凡关于统一杂务事项，仍归土舍兼团统一办理，不得自为风气，紊乱系统。

民国四年十月三十一日云南高等审判厅民事庭审判长推事周安和，推事胡寅旭，书记官王述典。右判决证明与原本无异。

中华民国四年十一月九日仰承发吏萧维汉送马仕洪等收执。

按：此项判决，1916年经江内外51村公议，刻石立于典莫村。这五十余村是，江内：大雪坡、阿草卧、法不典、木赊囡、骂拉左、罗海古、糯谷、泊卡、木立古、其立谷、阿元遮、典莫、达卧、啥莫下村、和尚村、鸟古村、法帕村、召干村、法卧村、阿所拉、他古、性谷、他贞、法他、旮车上下村、乍赊上下村、干塘、达远、小雪坡、扯米、曲木、旮老、阿各卧、化香台、问可见、卜海、舍东、千则古、岗必里、河吐咪、阿押、普公、禾罗别；江外：以都拉和、岔落则、新村、白果、黑者、阿谷租、马拉。

附论一　中国古代多民族、大一统国家形成的三个阶段

导语

1. 小说《三国演义》开场白："话说天下大势，合久必分，分久必合。"近年有人将此话当作口头禅，用来表述今天的海峡两岸关系，这是错误的。罗贯中此说是历史循环论，是历史唯心主义。

2. 中国古代由民族分立、诸侯混战，而逐步形成为多民族、大一统国家，有其历史发展的必然性，也是各族人民的祖先共同创造的。我们应当珍惜、爱护这一得来不易的伟大事业，不能任意用大汉族主义或狭隘的地方民族主义观点妄加评论，更不能加以破坏。

3. 中国古代多民族、大一统国家的形成，大致经历了三个阶段，即创建、发展、巩固。每一阶段的开始各有一"整合"时期。在整合其间，有民族斗争，但主流是民族认同、融合、同化。三个阶段共长5500余年，明显的开始时间是在原始社会末期，也叫新石器时代，即仰韶文化后期、山东的龙山文化和大汶口文化时期。

一、第一阶段——从夏商周到秦汉（约前4000—190年）

（一）整合时期——春秋、战国（约前770—前221年）

整合的主要方式与发展方向，是民族之间频繁接触，华夏文化圈迅速扩大，黄河、

---

① 本篇内容完成于1985年，是作者为参加"中国秦汉史研究会"做学术报告而写。

长江流域的民族融合逐步加深。诸侯兼并逐步激烈，先是春秋时的大国争霸，继之出现战国七雄，地区性的多民族强国在形成，其政权亦有"多民族、大一统、中央集权"性质。

1. "华夷之辨"——华夏与东夷、西戎、南蛮、北狄之间，由对立、斗争走向民族认同、融合的前奏

（1）华夏人的代表性言论

齐相管仲曰："戎狄豺狼，不可厌也；诸夏亲昵，不可弃也；宴安鸩毒，不可怀也。"（《左传》闵公元年）

阳樊人苍葛曰："德以柔中国，刑以威四夷。"（《左传》僖公二十五年。中国，此处指华夏人。）

《公羊传》成公十五年："内诸夏而外夷狄。"

孔子曰："裔不谋夏，夷不乱华。"（《左传》定公十年。裔，远，边远民族。夷，莱夷，东夷之一部。两句同义。）

《诗·大雅·民劳》："民亦劳止，汔可小康。惠此中国，以绥四方。"（中国，指今洛阳一带。）

《公羊传》僖公四年："夷狄也，而亟病中国。南夷与北狄交，中国不绝若线。桓公救中国而攘夷狄，卒怗荆，以此为王者之事也。"

（2）蛮夷戎狄人言论

西周后期，楚国国君熊渠曰："我，蛮夷也，不与中国之号、谥。"（《史记·楚世家》）

春秋前期，楚武王曰："我，蛮夷也。今诸侯皆为叛，相侵或相杀。我有敝甲，欲以观中国之政。"（《史记·楚世家》。中国，中原地区各国。）

春秋中期，姜戎氏曰："我诸戎，饮食衣服不与华同；货币不通，言语不达。"（《左传·襄公十四年》。姜戎氏在晋国境内，其首领驹支对晋卿范宣子言。）

2. 多民族的强大诸侯国的形成

（1）以华夏族为主体的多民族强大诸侯国举例：

齐——春秋前期，"齐桓公并国三十，启地三千里"（《韩非子·有度》）。但境内仍有东夷之族，如莱夷，至春秋末年，仍是齐国内的重要民族。

晋——春秋前期，"（晋）献公并国十七，服国三十八"（《韩非子·难二》）。

至春秋末年，上引姜戎氏，其首领驹支还说他们只是晋君的"不侵不叛之臣，至今不贰"，说明至此时，晋是一个多民族国家。至战国时，晋分为韩、赵、魏三国，仍各为多民族国家。

（2）以蛮夷为主体的多民族强大诸侯国及其华夏化

秦——秦的主体民族原为戎、羌之族。春秋前期，秦穆公"伐戎王，益国十二，开地千里，遂霸西戎"（《史记·秦本纪》）。至战国中期，秦孝公时，关东诸侯还以"秦僻在雍州，不与中国诸侯之会盟，夷翟（狄）遇之"（《史记·秦本纪》）。商鞅变法以后，秦国在数十年中，其主体民族基本上华夏化了。当然境内还有戎、羌、氐、蛮等众多民族。

楚——楚原由汉水和长江中游的蛮族建国。春秋中期，楚庄王"并国二十六，开地三千里"（《韩非子·有度》）。后占领吴、越、岭南百越等地。至战国中期以后，其主体民族也已华夏化了，当然境内民族较秦更为复杂。

3. 要求"大一统"思想的产生

（1）人们厌战、渴望统一的言论

孟子曰："争地以战，杀人盈野；争城以战，杀人盈城。"此所谓"率土地而食人肉，罪不容于死"（《孟子·离娄上》）。

《战国策·东周》："东周欲为稻，西周不下水。"

孟子曰："（梁襄王）问曰：'天下恶乎定？'吾对曰：'定于一。'"（《孟子·梁惠王上》。恶：何。）

荀子曰："四海之内若一家，通达之属莫不从服。"（《荀子·议兵》）

（2）秦国谋划进行统一战争的言论

司马错对秦惠王曰："得蜀则得楚。楚亡，则天下并矣。"（《华阳国志·蜀志》）

秦武王对丞相甘茂曰："寡人欲容车通三川（今河南洛阳），窥周室，死不恨矣！"后（前256年）其弟昭王灭西周公国，取走九鼎（象征王权），周赧王死。（《史记·秦本纪》）

（二）多民族、大一统国家的创建时期——秦汉（前221—190年）

秦始皇于前221年消灭六国，统一中国，建立起了多民族、大一统的中央集权国家。汉武帝把这项事业继承了下来，并推向前进。此后又经东汉光武帝刘秀和他的儿子明帝的继承和发展，多民族、大一统国家的基业得以奠定。

1. 秦汉的疆域

（1）秦朝的疆域

秦以咸阳为国都。疆域："东至海暨朝鲜，西至临洮、羌中，南至北乡（晌）户，北据河为塞，并阴山至辽东。"（《史记·秦始皇本纪》）

（2）西汉的疆域

西汉东、东南与秦朝相同，南至海南岛地区，西南至云南昆明，西至今中亚巴尔克什湖以东以南地区，北以阴山、长城与匈奴为界，东至鸭绿江流域两岸。《汉书·地理志下》记西汉本部："凡郡国一百三，县邑千三百一十四，道三十二，侯国二百四十一。地东西九千三百二里，南北万三千三百六十八里。……民户千二百二十三万三千六十二，口五千九百五十九万四千九百七十八。汉极盛矣。"

在西域，汉武帝时，设使者校尉；汉宣帝时，改设西域都护。《后汉书·西域传》曰："西域，内属诸国，东西六千余里，南北千余里。东极玉门、阳关，西至葱岭，其东北与匈奴、乌孙相接，南北有大山，中央有河，其南山东出金城，与汉南山属焉。"

2. 中央和地方专职管理少数民族的政府机构

当时对少数民族的安置、管理，重人不重地；重视招徕远人，不重视占领其土地。

（1）中央机构

典客（大行令、大鸿胪）——九卿之一，"掌诸归义蛮夷"（《汉书·百官公卿表上》）。

典属国——列卿之一，"掌蛮夷降者"（《汉书·百官公卿表上》）。

（2）地方机构

属国——郡级，以所在郡之名为名，如安定属国、金城属国等，朝廷命属国都尉主持军政。

护某校尉——如护乌桓校尉、护羌校尉等。

西域都护——驻乌垒（今新疆轮台东），校尉级。

道——民族地区的县级政区。

3. 大一统国家观的形成

（1）秦朝

新的大一统国家观与旧的分土封侯的国家观并存，并激烈斗争。

新国家观

主要为朝廷言论，宣传消灭六国是正义之举，宣传大一统。举例：

《琅邪台石刻》："皇帝之德，存定四极。诛乱除害，兴利致福。……六合之内，皇帝之土，西涉流沙，南尽北户，东有东海，北过大夏。人迹所至，无不臣者。"（《史记·秦始皇本纪》）

旧国家观——主要为六国旧贵族和具有旧思想的旧官僚、知识分子等的言论，主张复辟六国或据地为侯王。

陈胜以武臣为将军，渡河北，说豪杰曰："因天下之力而攻无道之君，报父兄之怨而成割地有土之业，此士之一时也。"（《史记·张耳陈余列传》）

（2）两汉

至西汉前期，大一统的国家观就已在人民群众中确立，基本上没有反复。举例：

司马迁曰："今汉兴，海内一统。"（《史记·太史公自序》）《货殖列传》《西南夷列传》《南越王赵佗列传》等，都反映了大一统国家观。

王充曰："今上即命，奉成持满，四海混一，天下定宁。……周时仅治五千里内，汉氏廓土，收荒服之外。"（《论衡·宣汉》）

二、第二阶段——从三国到隋唐（190—907 年）

（一）整合时期——三国两晋南北朝（190—589 年）

本时期分两小阶段：

1. 三国、西晋（190—316 年）

主要整合了东汉末年以来的军阀割据混战局面，第一步形成魏、蜀、吴三国鼎立，第二步由西晋统一全国。三国的经济发展与互相交流，起了决定性的作用；而统一也是人们的重要政治理念。举例：

（1）曹操曰："荡平天下，不辱主命。"（《曹操集》文集卷二《让县自明本志令》）

（2）诸葛亮曰："先帝虑汉、贼不两立，王业不偏安，故托臣以讨贼也。"（《诸葛亮集》文集卷一《后出师表》）

2. 十六国、南北朝（317—589年）

北方由"五胡十六国"整合而为北朝，促进了北方民族的大融合。南方经东晋、南朝，融合了南方各族，发展了经济、文化。南北朝的发展与民族融合，殊途同归，为再次大一统创造了有利条件。

（1）十六国（317—420年）整合

重用汉族知识分子，兴太学，尊孔读经。如羯族出身的后赵皇帝石勒等。

采用汉法，推进统一。如前秦苻坚。

（2）北魏孝文帝（467—499年）改革

其祖上道武帝进入中原后，"离散诸部，分土定居，不听迁徙，其君长大人皆同编户"（《魏书·外戚传·贺讷传》）。发展农业生产，在平城立太学。太武帝"廓定四表，混一戎华"，统一黄河流域，请名儒入京，发展生产。

冯太后、孝文帝改革，包括实行三长制、均田制，迁都洛阳，用汉语，易汉服，改革姓氏，等等，促进北方民族的大融合。

（二）多民族、大一统国家的发展时期——隋唐（581—907年）

1. 隋唐统治集团的民族血缘关系

（1）隋文帝杨坚、隋炀帝杨广

祖辈为鲜卑化的汉人，世代为北魏、西魏、北周的高官，赐姓普六茹氏。杨坚之母吕氏，鲜卑人。皇后独孤氏，鲜卑贵族独孤信之女，隋炀帝之母。

（2）唐高祖李渊、唐太宗李世民

祖辈亦为鲜卑化汉人，世代为北魏、西魏、北周的高官，赐姓大野氏。李渊之母独孤氏，与北周明帝皇后、隋文帝皇后为姐妹。唐太宗李世民之母窦氏也是鲜卑贵族，北周武帝的外甥女。李世民的皇后长孙氏也是鲜卑贵族，隋右骁卫将军长孙晟之女。

2. 唐朝的疆域

唐前期疆域辽阔，东至大海，西越葱岭至咸海，南至南海，北越贝加尔湖。

3. 唐朝对民族地区的设治和管理

（1）唐太宗的民族政策

唐太宗曰："自古皆贵中华，贱夷狄，朕独爱之如一。"（《资治通鉴》卷198《唐纪》十四《太宗贞观二十一年》）西北民族奉唐太宗为"天可汗"，称自长安通向西北边疆的大道为"参天可汗道"。在民族地区设立羁縻府州，以民族头人为都督、都护、刺史等，管理本民族，并免收赋税。

（2）政区

安西大都护府、北庭大都护府。管区西至咸海、中亚。

安东都护府、安南都护府、安北都护府、黑水都督府。都管至今国界线外。

（3）藩属

吐蕃

松赞干布与文成公主联姻，唐封松赞干布为西海郡王、驸马都尉。金城公主嫁赞普尺带珠丹（墀德祖赞）。尺带珠丹上书中说："遂和同为一家。"长庆三年（823年）立"唐蕃会盟碑"（又称"甥舅和盟碑"），用汉、藏两种文字书写，至今仍矗立在拉萨大昭寺前。

册封南诏国，在今云南境内。

册封渤海国，在今东北，至鸭绿江流域。

三、第三阶段——从五代十国到清末民初（907—1912年）

（一）整合时期——五代至宋、辽、金（907—1279年）

这一阶段的整合有两个重心。其一，中原地区主要整合五代十国，后来统一于北宋。再后，南宋偏安江南，社会经济有很大发展。其二，北方主要由党项、契丹、女真相继建国，开疆拓土，发展经济，创制民族文字，发展民族文化，促进北方的民族大融合。经整合而出现的重要特点如下。

1. 上述各民族都欲建国于中原

五代之后梁、后周为汉人所建，均以开封为国都。后唐、后晋、后汉为沙陀人所建，后唐以洛阳为国都；后晋、后汉、后周及北宋均以开封为国都。西夏以兴庆（今宁夏银川）为国都，辽以今北京为陪都（"南京"，亦称燕京）；金以今北京为中都，"开科取士"。头名状元为张行简。后迁都开封。

2. 汉制、汉法的采用

辽、金、西夏等都采用汉制、汉法。辽用"南、北面官制"（亦称"两面官制"），金用汉制，亦用猛安、谋克制；但以汉制为主。

3. 兴太学，尊孔读经

创制民族文字。西夏文，契丹大字、契丹小字，女真大字、女真小字，很行用。但民族文字乃形式其表，中原文化制度却深入其里。

（二）多民族、大一统国家的巩固时期——元、明、清（1271—1911年）

1. 建立元朝

元朝百年，对整个中华民族进行了一次大整合。忽必烈采用汉法，"建国号曰大元"，迁都中都（今北京），改称大都；灭南宋，统一全中国。

认同正统，改国号称"元"，意义重大。忽必烈于1260年即位后，"建元为中统"，蒙古国始有帝王年号纪年。忽必烈曰："建元表岁，示人君万世之传；纪时书王，见天下一家之义。"（《元史·世祖本纪一》）1271年（至元八年），又停用"蒙古国"号，改用"大元"国号。诏曰："建国号曰大元，盖取《易经》'乾元'之义。"（《世祖本纪》）《易》讲"乾"有四德：元、亨、利、贞。"大哉乾元，万物资始。""元者，善之长也。"

2. 元朝的疆域

（1）行省制

中书省直辖区称"腹里"，包括今河北、山东、山西等地。全国下分十行省，为辽阳行省、岭北行省、甘肃行省、陕西行省、云南行省、四川行省、河南行省、江浙行省、江西行省、湖广行省。行省制为元朝新创，加强了中央集权，巩固了国家的统一。

（2）吐蕃

于元初归服中央，由宣政院总管。

（3）台湾地区

元朝设澎湖巡检司，为县级执法官，是武官，管理台湾、澎湖地区，属于泉州总管府。

3.《大元大一统志》

忽必烈首倡,历时十二年编成,共1300卷。此为历代王朝续修国家《一统志》之始。

4. 中国多民族国家观念的逐步确立

(1) 雍正《大义觉迷录》,以"有德者可为天下君"为核心论题,苦口婆心地阐明"国"与"族"、"族"与"族"的关系,批判华尊夷卑的传统观念。

(2) 宣统《清帝逊位诏书》,提出"仍合满、汉、蒙、回、藏五族完全领土,为一大中华民国",更明确了多民族国家各民族政治平等地位。

(3) 南北议和,确定国家名称为"中华民国"。"民"即人民、民族。以汉、满、蒙古、回、藏五族为代表,组成有众多民族的"民族共和国",民族也就是各族人民也。

元、明、清三个王朝兼有整合中原和边疆的作用,都做出了伟大贡献。

附论二　从华夏和蛮夷戎狄等族名谈到汉民族形成[①]

导语

　　近年，联合国教科文组织提出了"国际理解教育"理念，我国也提倡"建立和谐社会"。这两个理念的意义基本一致，都是为推动并树立国与国之间、民族与民族之间、团体与团体之间、各种人群或个人之间的理解与和谐关系，对我们史学工作者来说，也拓宽了研究的视野和空间。可是，史学工作者的队伍庞大，又各有国内、国外的背景，即使同为一国，也有一个对史料的了解、掌握和立场、观点、方法的差异问题存在。因之，早期的研讨，必然分歧很大。当然只要动机纯正，目标一致，总会越辨越明，越走越近。

　　我发现近年有些论著过于离谱，如有人在大批"中华主义""中华民族史观"，真是无中生有。所以这样，是因为他们对中国古代史上的一些族名，如华夏及蛮夷戎狄等有片面的理解，把这些民族在历史上的相处关系及融合过程，错误地当作资本主义时代的侵略与被侵略关系看待。因之一再推论，把虚构出来的"中华主义""中华民族史观"与"日本殖民史观""帝国主义"等混为一谈。如这样任意发展下去，要求得"国际理解""国际和谐"是不可能的。只有审慎、准确地解读原始资料，严肃认真地进行研究，实事求是地发表意见，特别是要耐心、虚心地听取不同意见，彼此尊重，才能逐步求得理解、和谐，共同走向进步。

[①] 本篇内容完成于1986年，是作者为中央文史研究馆召开海峡两岸暨香港、澳门"民族研究工作"交流座谈会而写。中央文史研究馆馆长袁行霈先生邀请作者与会。

华夏和蛮夷戎狄等族名的起源和盛用的时间是在夏商周三代，著录较多的文献集中在春秋和战国时期，当时的一些政治或文化代表人物在使用这些族名时，多体现这些族名的本义。他们的某些政治或文化活动，亦体现当时民族关系的性质。这不是说他们的说法或做法都是对的，但其参考价值是很高的，有其代表性。本文限于篇幅，只想谈一下上述族名的本义及当时民族融合的基本过程。

一、华夏族名，既是自称，也是他称

华夏是个复合词，虽其所指为同一族群，但其早期是单个词使用的。如称"华"或"夏"，后来才复合而为"华夏"，意义未变。华字的本义为"荣"[1]。正因为如此，自它问世即为历代文人情有独钟，亦为一般群众所偏爱。上古诗歌中已引用华字，如《卿云歌》曰："卿云烂兮，纠缦缦兮。日月光华，旦复旦兮。"[2]《诗·周南·桃夭》曰："桃之夭夭，灼灼其华。"这些诗歌对华字的引用，为"华"字在中国文化、思想史上的地位，奠定了不可动摇的基础。因此，华字在被用为族名时，甚得人们的青睐。夏字的本义为"大"[3]，亦有"华彩"之意。《周礼·天官·染人》曰："秋染夏。"郑玄注曰："染夏者，染五色。"我国古代的第一个王朝称夏，建立于中原地区，为三代之首。开国之君为大禹，有治平洪水、划天下为九州之功绩。综合这些有利因素，以夏为中原地区民族的名称，自然会为有关族群所赞同。

《说文·夊部》曰："夏，中国之人也。"中国在这里是指中原地区。华与夏两个名称使用于同一民族，逐渐合而为一，即称华夏，这也是顺理成章之事。春秋时期，单用华或夏作为族名的事例很多，如《左传·定公十年》引孔子曰："裔不谋夏，夷不乱华。"《疏》引《正义》曰："夏也，中国有礼仪之大，故称夏；有服章之美，谓之华。华、夏，一也。"如举其多数，则前加以"诸"字，为诸华或诸夏。如《左传·襄公十一年》引晋侯语魏绛曰："子教寡人和诸戎狄，以正诸华。"同书僖公十五年曰："楚人伐徐，徐即诸夏故也。"直称华夏者，也有事例。如《书·

---

[1] 《说文·华部》："华，荣也。"
[2] 《尚书大传·虞书》。
[3] 《尔雅·释诂上》："夏，大也。"《方言》卷一："夏，大也。自关而西，秦晋之间，凡物之壮大者而伟之，谓之夏。"《诗·秦风·权舆》："于我乎，夏屋渠渠。"毛传："夏，大也。"

周书·武成》曰:"华夏、蛮貊,罔不率俾。"《疏》曰:"夏,大也。故大国曰夏。华夏谓中国也。"由此可见,华、夏、诸夏、华夏,都是当时华夏族的族名。

中国一名由来已久。最早用作地区名称,是指特定的城邑,如都城。1965 年出土于陕西省宝鸡县的何尊,为周成王五年所造祭器,尚存铭文 119 字,述成王"初迁宅于成周"事,内有"余其宅兹中国,自之辟民……"[①]铭文 122 字。又《书·周书·梓材》曰:"皇天既付中国民,越厥疆土于先王肆。"兼有地区和居民(族群)者,如《诗·大雅·民劳》曰:"民亦劳止,汔可小康。惠此中国,以绥四方。"郑笺曰:"中国,京师也。四方,诸夏也。"这些名称都出自华夏人之口,当然都属于自称。但是,当时不仅华夏人这样称呼本族人,就是周边的或杂居于他们地区的蛮夷族人同样如此称呼他们。最早见于记载的,如西周夷王时,远居于南方的楚国国君熊渠曰:"我,蛮夷也,不与中国之号、谥。"[②]号是爵位,就是生前用的公侯伯子男五等爵。谥是死后用的评功摆好的谥号。换句话说,就是他们蛮夷族人不用华夏族的礼仪制度。再如春秋中期,生活在晋国境内、靠近都城的戎族的一支姜戎氏,其首领戎子驹支对晋国执政范宣子曰:"我诸戎,饮食衣服不与华同,贽币不通,言语不达。"[③]上引两位所说,凡蛮夷、诸戎,都是自称;凡中国、华,都是他称,皆未显示出其间存在尊卑、荣辱之意。

当年的孔夫子自视甚高,以周公所制定的礼仪制度的卫士自居。他对当时的"礼坏乐崩"感叹不已,忿忿不平。他甚至赌咒发誓曰:"道不行,乘桴浮于海。"[④]就是要离开混乱的华夏地区,"欲居九夷"[⑤]。他去九夷毫无自我贬低之意,只是原有的信仰保持不变。所以他说:要"居处恭,执事敬,与人忠,虽之夷狄,不可弃也"[⑥]。他对东夷并不存在人身或族群方面的歧视。

孔子对于礼仪的态度,曾是当时的政治、文化领域的行事准则,而且长期存在。大国如西方的秦国,由于是从戎狄地区成长起来的国家,而且长期保持着戎人的习俗,中原的诸侯国就视他们为落后,不让秦国参加中原诸侯的会盟,"夷狄遇之"[⑦]。对

[①] 于省吾:《释中国》,载中华书局 70 周年纪念《中华学术论集》,1981 年。
[②] 《史记》卷 40,《楚世家》。
[③] 《左传·襄公十四年》。
[④] 《论语·公冶长》。
[⑤] 《论语·子罕》。
[⑥] 《论语·子路》。
[⑦] 《史记》卷 5《秦本纪》。

于一些小国，更是如此。如杞（今河南杞县）的国君传说为夏禹之后裔，是周武王封立的。据《左传》记载，杞在春秋初年，还是侯爵。① 可是，鲁庄公二十七年《经》记载作"杞伯"。僖公二十三年《经》又记载作"杞子卒"。杜预《注》曰："杞人春秋称侯，庄二十七年绌称伯，至此用夷礼，贬称子。"《左传》的作者左丘明曰："十一月，杞成公卒，书曰子。杞，夷也。"杜预《注》曰："成公始行夷礼以终其身，故于卒贬之。杞实称伯，仲尼以文贬称子，故《传》言《书》曰子以明之。"又僖公二十七年《经》曰："春，杞子来朝。"《传》曰："春，杞桓公来朝，用夷礼，故曰子。公卑杞，杞不共（恭）也。"杜预《注》曰："杞先代之后，而迫于东夷，风俗杂坏，言语、衣服有时而夷。"又文公十二年《经》曰："春，王正月……杞伯来朝。"杜预《注》："复称伯，舍夷礼。"由此例可以看出，孔子著《春秋》，坚持了重礼仪的原则，亦为左丘明及后代作注者们所赞同。所以唐韩愈《原道》曰："孔子之作《春秋》也，诸侯用夷礼，则夷之；进于中国，则中国之。"

二、蛮夷戎狄族名，既是他称，也是自称

蛮夷戎狄作为一些族群的统称由来已久了，大约与华、夏或华夏之名同时产生。有人说："称己为'华'而自豪"，"称他族为'夷'则为蔑视"，在文化人类学上或叫作"辱称"。此说过于简单化了。我认为衡量此事，最简单的一个办法是看本民族的反映。如只是他称，本民族并不认同，则此称可能有问题；如虽为他称，但本民族也使用，并不反对，此名可能没有问题。古文献都是华夏文献，所言蛮夷戎狄之名，反映了华夏人的观点，其于族名，自然是华夏人所给予的他称。但其中也有部分是蛮夷戎狄人的自称。如上举楚君熊渠曰："我，蛮夷也，不与中国之号、谥。"一百余年后，至他的七代孙楚武王熊通，亦曰："我，蛮夷也。……我有敝甲，欲以观中国之政。"再则，上引在晋国境内的戎族首领戎子驹支，亦曰："我诸戎，饮食衣服不与华同，贽币不通，言语不达。"上举事例，足可证明蛮夷戎狄等族名既是他称，也是自称，不存在蔑视、蔑称、辱称之意。

这些族名并非某个民族的具体名称，是某些族群的统称。有关这些族群的分布、差别、民族特点等，以《礼记·王制》言之最详："中国、戎夷五方之民，皆有性也，不可推移。东方曰夷，被发文身，有不火食者矣。南方曰蛮，雕题、交趾，有不火

---

① 《左传·桓公二年》"杞侯"。

食者矣。西方曰戎，被发衣皮，有不粒食者矣。北方曰狄，衣羽毛穴居，有不粒食者矣。中国、夷、蛮、戎、狄皆有安居、和味、宜服、利用、备器。五方之民言语不通，嗜欲不同。达其志，通其欲。东方曰寄，南方曰象，西方曰狄鞮，北方曰译。"所谓寄、象、狄鞮、译，都是为互相交流、交换而进行中介翻译的名称。五方之民，中国（华夏）居中央，其他四方则合称"四夷"。如按其方位，夷之名主要用于东方族群，有时亦泛用，如称南夷、西夷或蛮夷、戎夷等。即使蛮、夷、戎、狄一个名称，也包括了众多的民族分支。如《周礼·夏官·职方氏》曰："辨其邦、国、都、鄙、四夷、八蛮、七闽、九貉、五戎、六狄之人民。"《尔雅·释地》则曰："九夷、八狄、七戎、六蛮，谓之四海。"四海即言四夷。当然这些统计性的数字并不准确，但说明了同一族群存在多个分支是历史的实际。

每个民族都有自己的文化和礼仪。各文化、礼仪相比较，虽有差别、高低，但各有本族的观点和爱好，无须评其是非。就华夏人评蛮夷文化来说，也时有变化。如在民族关系紧张的春秋中后期，曾发生过"华夷之辨（别）"。有人惊呼："夷狄也，亟病中国，南夷与北狄交，中国不绝若线。"[1]因之，贬抑蛮夷的言论兴起。但在平时，并不如此。如战国时期的大儒孟子即曰："舜生于诸冯，迁于负夏，卒于鸣条，东夷之人也。文王生于岐周，卒于毕郢，西夷之人也。"又说他们是"先圣后圣，其揆一也"。朱熹注引范氏曰："言圣人之生，虽有先后远近之不同，然其道则一也。"[2]孟子这样议论、评价舜和周文王时，看不出他有以夷为忌或有辱圣门之思想存在。南北朝时，史学家范晔在《后汉书·东夷列传·序》中，根据若干古籍，对东夷做过这样的评述："《王制》云：'东方曰夷。'夷者，柢也，言仁而好生，万物柢地而出。故天性柔顺，易以道御，至有君子、不死之国焉。夷有九种，曰畎夷，于夷，方夷，黄夷，白夷，赤夷，玄夷，风夷，阳夷，故孔子欲居九夷也。"范晔所据文献有《礼记》《山海经》《竹书纪年》及东汉末应劭《风俗通》等名著。他的说法是否科学，可以讨论，但绝非溢美或空穴来风。范晔作为一位史学家，他的知识渊博，研究缜密，曾任南朝宋的左卫将军、太子詹事等高官，遍览群书。他所著《后汉书》是深研东汉以来的各家《后汉书》之后，删繁就简、取精用宏而成，在我国"二十四史"中，属于优秀著作之一。因此，对他的议论应予尊重。他对于东夷族名的解读含有字义、族性及社会多层意义，不但毫无蔑辱之意，且使人产生

---

[1] 《公羊传·僖公四年》。

[2] 《孟子·离娄下》及朱熹注。

好感。如与华字相比,并不逊色。

三、华夏与蛮夷戎狄融合而为汉族的历史进程

世界上今天存在的民族,不论大小,都是由古代众多的族群融合而成。历史上民族融合的过程是人类社会发展进步的过程。民族融合往往是在两种情况下进行的。一是相邻的两个以上的民族,大小相当,社会生产力水平相近,关系密切,长期互相学习、容纳、婚配,最后你中有我,我中有你,形成一个新的民族。二是两个民族的大小悬殊,生产力水平差别很大,虽亦有交流、互补,但大的、生产力高的民族在融合的过程中起主导的作用,小的、生产力低的民族逐渐失去自己的民族特点,变成大民族的一部分,也丰富发展了大民族。如果这是自然发生发展的现象,仍属于人类社会必然的进步的现象。如是大民族以暴力强制合并小民族,则为民族强制同化现象,是侵略,应当谴责。

在原始社会后期的任何同一地区,只要有不同的族群存在,就会有民族融合之事发生,而且日益发展。中国的夏、商、周三代,已有华夏族,蛮夷戎狄之名大约在夏朝已经出现了。如商汤伐夏桀的文告《仲虺之诰》曰:"初征,自葛。东征,西夷怨;南征,北狄怨。"孔传曰:"西夷、北狄,举远以言,则近者著矣。"[①]此时,在黄河流域已有不同族群共居,而且各有名称,民族融合之事也以不同形式不同速度在发生发展。

中国古代民族融合的历史,古人早已注意到了。如有人用国名与族名不分的统计法述曰:夏时诸侯,号称万国,至商而有三千,至周而有八百,至春秋,存者仅百余国。战国后期,赵国名将赵奢曰:"今取古之为万国者,分以为战国七。"[②]七国国内的民族成分虽各有不同,但其主体民族已经不再被称为华夏或蛮夷戎狄了,而代之以秦人、楚人、齐人、燕人及韩人、赵人、魏人。这些名称都是以原华夏和蛮夷戎狄等族的主体部分融合而成的新的共同体。这七个共同体的基本民族素质相同,所以在秦始皇消灭六国、统一中国之后,都被称作秦人。在秦亡汉兴之后,又都被称作汉人,汉人也就是汉族。

华夏与蛮夷戎狄融合而为汉族的过程,时间极长且内容丰富。其主要而关键性

---

① 《书·商书·仲虺之诰》及注。
② 《战国策·赵三》。

的一段时间,为自西周初年到战国末年。限于篇幅,我将此段时间分三个时期,简要介绍如下。

(一)西周时期

在民族地区,政治上实行绥靖政策,文化上实行包容政策。

西周初年的疆域主要包括黄河中下游一带,其势力范围,则南到淮水流域,北到燕山附近。用春秋时期王室大夫詹桓伯的话说:"我自夏以后稷、魏、骀、芮、岐、毕,吾西土也;及武王克商,蒲姑、商、奄,吾东土也;巴、濮、楚、邓,吾南土也;肃慎、燕、亳,吾北土也。"①

所谓政治上的绥靖政策,就是在分土封侯制度下的安抚平定政策。周王室称这种制度和政策为"封建亲戚,以蕃屏周"②。具体事例如管仲在讲述当年姜太公受封为齐国国君时的情况说:"(周成王)命我先君太公曰:'五侯、九伯,女实征之,以夹辅周室。赐我先君履,东至东海,西至于河,南至于穆陵(今山东临朐南),北至无棣(今河北东南部)。'"孔《疏》引《正义》曰:"太公为王官之伯,得以王命征讨天下。随罪所在,各致其罚。故五等诸侯,九州之伯,皆得征讨其罪。"③后来齐桓公举行会盟,征伐"叛逆",乃至南伐楚国,都是打着这一旗号。西周初共分封诸侯70余国,其绥靖要求大同小异。④

所谓实行文化包容政策,就是在所分封的民族地区内,实行照顾原居族群的风俗习惯、法律制度,这样有利于改善民族关系和保持社会稳定。如周成王封鲁国国君伯禽的诰命曰:分以"殷民六族:条氏、徐氏、萧氏、索氏、长勺氏、尾勺氏,使帅其宗氏,辑其分族,将其类丑,以法则周公,用即命于周,是使之职事于鲁,以昭周公之明德"。封康叔为卫国国君时,其诰命曰:分以"殷民七族:陶氏、施氏、繁氏、锜氏、樊氏、饥氏、终葵氏……命以康诰,而封于殷虚"。并命鲁、卫两国国君对商(殷)、奄遗民的统治,要注意"皆启以商政,疆以周索"。杜预注曰:皆,鲁、卫也。启,开也。居殷故地,因其风俗,开用其政;疆理土地以周法。索,法也。"

---

① 《左传·昭公九年》。
② 《左传·僖公二十四年》引东周王室大夫富辰语。
③ 《左传·僖公四年》及《疏》。
④ 《左传·昭公二十八年》引东周王室大夫成鱄曰:"武王克商,光有天下,其兄弟之国者十有五人,姬姓之国者四十人,皆举亲也。"《荀子·儒效》:"武王崩,周公兼制天下,立七十一国,姬姓独居五十三人。"

孔《疏》曰:"修其教,不易其俗;齐其政,不易其宜。是言王者布政,当顺民俗而施之也。此民习商之政为日已久,还因其风俗开道以旧政也。"封唐叔为晋(初称唐)国国君时,其诰命曰:分以"怀姓九宗,职官五正。命以《唐诰》,而封于夏虚。启以夏政,疆以戎索"。杜预注曰:"太原(夏虚)近戎而寒,不与中国(中原)同,故自以戎索。"①

西周王朝以分封制的国家制度为依托,在民族地区实行政治绥靖、文化包容的"怀柔"政策,为推动早期的民族融合关系创造了极为有利的条件。②

(二)春秋时期

大国争霸主要是族群争霸。

齐桓、晋文倡导"尊王攘夷",是华夏族的自救运动。蛮夷争霸在政治上处于优势;但他们主动接受高度发展的华夏文化,其族群逐步融入正在转变更新的华夏族。

春秋时期的大国争霸发端于楚国。早在前706年,楚武王就在北伐随国时声言:"我,蛮夷也。今诸侯皆为叛相侵,或相杀。我有敝甲,欲以观中国之政,请王室尊吾号。""乃自立,为武王,与随人盟而去。于是始开濮地而有之。"楚武王死,其子文王继续北伐,"陵江、汉间小国,小国皆畏之"。其孙成王于前671年"即位",布德施惠,结旧好于诸侯。使人献天子。天子赐胙,曰:"镇尔南方夷越之乱,无侵中国。"于是楚地千里。③这比周天子"赐齐桓公为伯"之年(前667年)要早4年。此后,楚国一直是江、汉流域诸国的霸主,并不断北伐,拓展疆域。至楚庄王时,他于前606年北伐陆浑之戎,陈兵于周天子的京师洛邑城外,还毫不客气地询问周天子的代表王孙满有关镇国之宝九鼎的大小轻重,意"欲逼周,取天下"④。《韩非子·有度》曰:"荆庄王并国二十六,开地三千里。"此说并不虚夸。

此时在北方又有戎狄等族南下,侵伐华夏诸侯。如前663年,山戎伐燕。前658年,狄人破卫,杀卫懿公,又灭邢国。这是一种什么形势呢?正如上引《左传》曰:"夷狄也,亟病中国,南夷与北狄交,中国不绝若线。"怎么办呢?司马迁分析说:"是时,周室微,唯齐、楚、秦、晋为强。晋初与会。献公死,国内乱,秦穆公辟远,不与

---

① 以上均引自《左传·定公四年》及注。
② 《左传·僖公二十四年》引富辰曰:"周之有懿德也,犹曰莫如兄弟,故封建之。其怀柔天下也,犹惧有外侮。捍御侮者,莫如亲亲,故以亲屏周。"
③ 以上皆引自《史记》卷40《楚世家》。
④ 《史记》卷40《楚世家》及《集解》引杜预注。

中国会盟。楚成王初收荆蛮有之,夷狄自置。唯独齐为中国会盟,而桓公能宣其德,故诸侯宾会。"这也是时势造英雄。齐桓公在救燕、卫、邢等国时,立有一定功劳。但在南伐楚时,仅到了陉山(今河南郾城东南),即为楚将屈完所阻,不战而退兵。时隔一年,楚国连年北伐许、黄,灭英。可见齐桓公与管仲大事宣扬的所谓"九合诸侯,一匡天下"①云云,过于夸张了。但在当时,对所谓"尊王攘夷"的民族自救运动,还是起了一定的鼓舞作用。

后来晋文公虽曾继承此事业,在城濮(今山东鄄城西南)一战打败了楚国,又在践土(今河南原阳)与一些诸侯举行会盟,约定"皆奖王室"②,其实都是言过其实。所谓城濮之战,只是与楚国的一小支军队交战。《史记·楚世家》曰:"夏,(楚)伐宋,宋告急于晋,晋救宋,(楚)成王罢归。将军子玉请战,成王曰:'重耳亡居外久,卒得反国。天之所开,不可当。'子玉固请,乃与之少师而去。晋果败子玉于城濮。成王怒,诛子玉。"③晋文公在位只有九年,主要忙于平定周王室内争,又伐曹、伐卫,围郑,与秦斗争,这一切活动都是为了树立其霸主的地位。④城濮在今黄河以北,地处郑、卫、晋及周王室所居洛邑四国中间。楚军长驱直入此地,已够惊天动地的了。晋为伐曹伐卫而路遇楚军,打了一个胜仗。虽说打得漂亮,就其意义来说,主要还是在于"尊王攘夷"的宣传需要。对事实来说,过于夸大了。此时,周王室及华夏族各大诸侯国的统治集团已相当腐朽,原有的宗法制度遭到严重破坏,"并后,匹嫡,两政,耦国"⑤的坏毛病普遍存在。所谓"尊王攘夷",并不齐心,各有打算,不可能团结对楚。

所以说蛮夷争霸在政治上,看谁处于优势,四次大的民族间争霸会盟上的情况足可证明。第一次会盟是前643年在盂(今河南睢县西北)举行,原拟由宋襄公主盟。但会还未举行,宋襄公即被楚人逮捕,关了数月才被释放。宋又伐楚,宋师大败,宋襄公受伤而死。第二次会盟是前546年在宋国参加向戌弭兵之盟,与会共14家诸侯⑥,协议以晋、楚两大国为盟主,除齐、秦两个二等国不作从属国

---

① 以上引自《史记》卷32《齐太公世家》。
② 《左传·僖公二十八年》。
③ 《史记》卷40《楚世家》。
④ 《史记》卷39《晋世家》:"二年(前635年)春,秦军河上,将入(周襄)王。赵衰曰:'求霸莫如入王尊周。周晋同姓,晋不先入王,后秦人之,毋以令于天下。方今尊王,晋之资也。'"
⑤ 《左传·桓公十八年》引周王室大夫辛伯曰:"并后,匹嫡,两政,耦国,乱之本也。"杜预注谓:"并后"是"妾如后","匹嫡"是"庶如嫡","两政"是"臣擅命","耦国"是"都如国"。
⑥ 与会的14家诸侯为晋、楚、齐、秦、鲁、宋、郑、卫、曹、许、陈、蔡、邾、滕。

看待外，其余十个三、四等诸侯国，不分原属于晋还是楚，今后要互朝晋、楚，承担晋、楚两国所给予的义务。此次会盟从表面看来，晋、楚打了个平局；其实代表蛮夷的楚国赢了，代表华夏的晋国输了，因为华夏十个中小诸侯国都要朝楚。第三次会盟是前482年吴王夫差与晋定公会于黄池（今河南封丘）。本来晋定公已同意屈居次位，让吴王首先歃血，为盟主。但因越国偷袭吴都，并杀死了留守的吴太子。这一偶然事件促使吴王夫差急忙回师抗越，就让盟主与晋定公，使此会盟不了了之。第四次会盟是前477年越王勾践与齐、晋诸侯会于徐州（今山东滕州），"当是时，越兵横行于江、淮东，诸侯毕贺，号称霸主"①。

上述这一系列的民族会盟，华夏族代表几乎都处于劣势，而蛮夷代表都处于优势，并获得了基本的胜利。

可是上述情况都属于军事、政治情况，属于硬实力；还有软实力，也就是文化思想的力量还未论及。在当时，华夏文化对比蛮夷戎狄的文化思想，有相当高的发展，处于绝对的优势。在数百年间，华夏文化以潜移默化之力对周边的蛮夷戎狄各族产生着巨大而深刻的影响，蛮夷各族自觉不自觉地在学习吸收华夏文化这一事实，在民族融合的进程中起了无可比拟的作用。这里举如下五例。

（1）上引前559年，戎子驹支在与晋执政范宣子争辩之后，"赋《青蝇》而退"②。范宣子不但未发火，反而表示了道歉之意，接受了批评。这种以吟诵诗歌表达思想情感的方式是一种高尚礼仪，只行用于当时的国君和卿大夫中。此事反映了戎人在华夏化。

（2）楚庄王命楚大夫士亹任太子傅，所开列的功课有十种之多。其中包括《春秋》《诗》《礼》《乐》《故志》《训典》等文化知识类，还有养成忠、信、义、礼、孝等修身项目及有关文、武、赏、罚等政事科目。此太子名审，就是后来的楚共（恭）王。所学功课与华夏的齐、鲁贵族无甚差异。③孟子曰："吾闻用夏变夷者，未闻变于夷者也。陈良，楚产也，悦周公、仲尼之道，北学于中国。"④可见楚国贵族统治集团中向化的倾向已比较突出。

（3）"郯子论官"也是一件突出的华夏化的事例。郯（今山东郯城北）是东夷

---

① 《史记》卷41《越王勾践世家》。
② 《左传·襄公十四年》，《诗·小雅·青蝇》。这是一组讽刺君长听信谗言的诗歌。郑笺曰："蝇之为虫，污白使黑，污黑使白，喻佞人变乱善恶也。"
③ 《国语·楚语上》。
④ 《孟子·滕文公上》。

的一个小国，国君郯子于前524年访问鲁国。在鲁昭公的宴会上应主人之请，他讲他的祖先少暤氏为什么以鸟名官时，又讲到黄帝"云师云名"、炎帝"火师火名"、太暤"龙师龙名"等。这一套远古官制早已失传。孔子闻知，大为震动，自愿拜郯子为师，而且叹曰："天子失官，学在四夷。"①

（4）吴国虽说是周太王（古公亶父）之子仲雍之后裔，但僻处荆蛮，椎髻文身，无中国之礼，已是事实。但至春秋时期，也在努力学习华夏文化。如吴公子季札，于前544年出使鲁国，在欣赏周代传统的音乐诗歌时，加以分析，借此说明周朝和有关诸侯国的盛衰大势。他还访问了齐、郑、卫、晋等国，结交了许多政要和士大夫，甚受好评。清高士奇评曰："（季札）名闻诸侯，所至倾动，顾不翩翩浊世之贤公子哉？"②

（5）秦在前753年"初有史以纪事，民多化者"；前409年，"令吏初带剑"；还设立市集，编制户籍，大力改革。③

（三）战国时期

中国古代史上的一个大变革的时代，把春秋时期已在酝酿萌发的变革推上了高潮。

变革的范围包括政治、经济、文化和社会，可谓遍及方方面面；但其核心的变革是国家观的转变。西周时期的国家观是国与王不分，国与华夏族不分，以宗法系统为基础建立政治统治制度。反映这一制度的代表性言论是《诗•小雅•北山》："普天之下，莫非王土；率土之滨，莫非王臣。"可是西周灭亡，平王东迁，周天子昔日的辉煌已不复存在，东迁洛邑的周天子已无声威可言。而有些诸侯如齐、晋、秦、楚等国日益强大，挟天子以令诸侯。时代已经变了，所以孔子叹曰："天下有道，则礼乐征伐自天子出；天下无道，则礼乐征伐自诸侯出……陪臣执国命。"④不仅周天子徒有虚名，许多诸侯国的君主也被架空。由于"并后、匹嫡、两政、耦国"之事普遍存在，由此而引发的内争外斗严重，只在《春秋》一书所记二百数十年间，"弑君三十六，亡国五十二，诸侯奔走不得保其社稷者不可胜数"。究其原因，司马迁评论曰："夫君不君则犯，臣不臣则诛，父不父则无道，子不子则不孝。此四行者，

---

① 《左传•昭公十八年》疏引《正义》引王肃云："郯，中国也。"
② （清）高士奇：《左传纪事本末》卷49，《季札让国》。
③ 《史记》卷5，《秦本纪》。
④ 《论语•季氏》。

天下之大过也。"① 春秋时期，鲁之三桓及晋的六卿之乱，② 战国时期的三家分晋及田氏代齐，都是一些典型性事例，所以国家观的改变是历史的必然。

国家观早期的改变发生在春秋时期，楚大夫无宇之说最具代表性："天子经略，诸侯正封，古之制也。封略之内，何非君土；食土之毛，谁非君臣。"③ 他虽也重复了一下"普天之下，莫非王土"的诗句，可是以"君土"代"王土"，以"君臣"代"王臣"的篡改，绝非小事，而是意味着旧的"普天之下，莫非王土"的国家观在破除，新的、割据性的"封略之内，何非君土"的国家观在产生。至战国时期，这一情况更具有进一步的实质性的改变，宗法的、族群的因素基本消失，以疆域和人民为根本的国家观基本确立。所以，孟子曰："诸侯之宝三：土地、人民、政事。"赵氏注曰："诸侯正其封疆，不侵邻国，邻国不犯，宝土地也；使民以时，居不离散，宝人民也；修其德教，布其惠政，宝政事也。"④ 战国时期各国的改革都是在这一新的国家观的指导下进行的，改革的直接目的是富国强兵。它的潜在而伟大的作用则是推动原来被称作华夏和蛮夷戎狄各族间的加速融合，为早期中国的政治大一统和后来被称为秦人、汉人、汉族、汉民族、中华民族的形成创造了极为有利的条件。⑤ 继续完成这一伟大事业的历史重任，则是由秦汉以后历代，我国各族人民承担并逐步推进的。

---

① 《史记》卷130《太史公自序》。
② 三桓：春秋、战国时期掌握鲁国政权的三家贵族，即孟孙氏（一作仲孙氏）、叔孙氏、季孙氏，三族都是鲁桓公的后裔，故称三桓。六卿：春秋时期晋国的范、中行、知、赵、韩、魏六大家族，世代为晋卿，故称六卿。
③ 《左传·昭公七年》。
④ 《孟子·尽心下》及注。
⑤ 《三国志》卷35《蜀书·诸葛亮传》："与友人善。"南朝宋裴松之注："若使游步中华，骋其龙光，岂夫多士所能沉翳哉。"《魏书》卷60《韩显宗传》："（显宗上书曰）自南伪相承，窃有淮北，欲擅中华之称。"后来"中华"成为我国的国号和全国民族的统称。

后　记

　　那氏土司本末调查报告，历六十余年，所收资料丰富，内容安排复杂。我已年逾九十，曾对其出版问世前途失望，"望洋兴叹"！

　　此书最适当的出版单位，莫过中央民族大学出版社。但因我已退休，无人介绍，整日哀叹而已。想到黄义军教授在中央民族大学历史文化学院任教，我即求她找到该校民族博物馆有关先生，与学苑出版社取得联系，总算道路打通，出版在望。我的小女张迎，本在外企工作，我因父女之便，常要她利用空闲，为我在文字方面给予协助。这两位，是本书的协助人。记此以为纪念。

　　至于中央民族大学和学苑出版社的各位同好，无论熟与不熟，"同杯共饮，同志相求"，都是本书得以问世的有功之臣，我非常感谢。

张传玺

记于北京大学蓝旗营小区

2020 年 12 月

《云南彝族那氏土司本末》
整理出版补记

1958 年至 1959 年间，我父亲张传玺在北京大学历史系读副博士研究生期间，参加了的中国科学院民族研究所主持的全国少数民族社会历史调查，被分配在云南组，先后做了傣族和彝族的社会历史调查工作。在彝族调查期间担任"武定禄劝两县彝族社会历史调查组"组长。因为调查的时间有限，又赶上全国"大跃进""抢收抢种""大炼钢铁"等运动，当时调查虽有收获，但是我父亲还是觉得从"历史调查"的科学要求看不够深不够透。所以在那之后的几十年中，在《武定县万德区万宗铺村彝族社会历史调查》内部发表以后，他一直继续收集这方面的资料，希望能够将补充更正后的调查成果完整准确地出版。

2019 年，我父亲在 92 岁高龄的时候再次整理了手稿，将已于燕京研究院《燕京学报》新 1 期发表的《云南彝族慕连土司史迹补正》做了修订，并加上了禄劝毕摩张文元译的《禄劝常氏土司的家史》，还有从宋朝到明朝的凤氏世系和凤氏后裔那氏碑铭汇录等作为补充，汇为一册，在 2019 年 12 月 25 日交给中央民族大学黄义军教授，希望她协助整理并转交给中央民族大学出版。由于文稿中手写部分很多，打印部分也是复印件，不很清晰，黄教授在 2020 年 2 月 22 日联系我，希望我能把手稿录入成电子版再给出版社编辑出版。录入过程中我发现确实有很多困难，除了字迹不好认以外，已经发表过的报告和论文部分也有修改，需要反复地和我父亲确认。经过 5 轮的校对确认，2020 年 5 月这份整理过的录入稿终于通过黄教授送到了中央民族大学麻国庆副校长手中。中央民族大学党委书记张京泽先生获悉消息，非常重视，做了批示。中央民族大学历史文化学院苍铭教授对文稿进行了审读，肯定文稿的重要学术价值，并建议纳入中央民族大学"民大记忆"丛编"珍稀手稿丛书"出版。

麻国庆副校长将稿子转到中央民族大学博物馆张铭心馆长处，由张馆长安排具体编辑出版事宜。

在和张馆长联系的当天，我说我父亲希望看看他自己写的先前已内部发表的《武定万德区万宗铺村彝族社会历史调查》。张馆长马上找到发给了我。我打印出来带给我父亲，他特别高兴，说这是他当时关于彝族社会调查的第一篇稿子，说家里有一份存件，但是找不到了。并表示想将万宗铺村调查报告的一部分加进这部书中，这样就可以将云南民族社会历史调查的报告与后来关于土司史迹的发现内容汇总在一起。由于几篇报告完成的年代不同，内容虽有关联但又有不同。为了保证本书前后的连贯性，张铭心馆长请博物馆"中央民族大学民族博物馆口述史研究中心"贾仲益教授帮忙审阅。贾教授非常认真，在审阅过程中先后多次与我父亲书面沟通，提出了一些调整建议。我父亲非常高兴地接受全部建议。

2020年12月，学苑出版社的张佳乐老师联系我，告诉我由他负责本书的编辑工作。张老师当时已经完成本书的初审，将打印的排版书样寄给了我父亲。我父亲马上认真做了校对，总体很满意，同时也提出了一些修改意见。张老师也与我父亲书面沟通了很多次，确定插图的位置、所汇总的几篇文章的排序等，我父亲非常感激。2月1日，张老师告诉我样书将会很快寄给我父亲。可是当天夜里，我父亲就因为心梗住院了。收到样书后，我把书带到医院里给父亲看，那时他已经不能说话，我拿起他的手摸了摸书皮，并翻开书给他看，告诉他这是样书，从他的眼神里我看到了欣慰。张老师随样书还付了一份"三审意见存疑处"。我没有给他看，因为不想让他再操心思考。我父亲的弟子岳庆平和我商量，同意张老师建议的全书结构和脉络安排，其他存疑处我也再次核对原手稿，尽可能地一一解决。相信我父亲也一定同意这样安排的。

在跟父亲的交流中，我理解他之所以希望将这些资料再次整理出版，主要有以下几个原因：

1. 以前出版的时候有错误。不管是当时记录的错误还是印刷错误，我父亲在这一版中都尽量一一改正，并尽可能地将他这些年的调查结果完整准确地呈现给读者。

2. 我父亲在1959年调查结束回昆明时，由县委统战部部长雍文清（彝族）带着参观了土司的墓地，叫彝文摩崖。很多碑上有详细记载。我父亲和同事们在他的指导下抄录了十来万字的资料。回到北京后，我父亲就向他的老师翦伯赞做了汇报。又在北大的图书馆查阅有关资料，补充一些有关史料。尔后数十年间都在不断收集相关资料,研究当中也有一些未能解决的问题。1983年我父亲终于有机会再次去云南,希望能做更深入的调查。虽然那个摩崖当时已经因为修水库炸了一部分,但是我父亲在当时武定县文化馆熊摄影员的帮助下还是尽可能拍了些照片,又收集了很多图片材料。

3.1959年彝族调查组的副组长李兴堂是禄劝县的在职干部,为那次调查做了大量工作。在之前发表的武定县的调查中没有署名,我父亲也一直觉得是缺憾。我在此记录下他的名字,多少弥补了这一缺憾。

4.另外,有些数字对不上,例如农民的收入等,在表中有些项目加全和汇总不一致。我父亲说当时的调查是边劳动边调查,调查工作都是在老乡劳作空闲的时间"业余"进行,老乡对有些情况的表述并不很准确,常出现同一个人今天和昨天说的不一样,这个人和那个人说的不一样的情况。这些数字由不同的组员调查收集,汇总的时候就已经发现有的对不上,但是也只能按调查结果记录,对于原始史料,是不能随意修改的。

以上是根据我所掌握情况所做的补充记录,希望读者借此了解此书修订、汇编再版的一些相关信息。

张传玺先生之女:张迎

2021年4月20日